Das Geheimnis von Grimmen
Archäologische Enthüllungen eines überirdischen Fundes

Herold zu Moschdehner

Das Geheimnis von Grimmen

Archäologische Enthüllungen eines überirdischen Fundes

Bibliografische Information der Deutschen Nationalbibliothek
Die Deutsche Nationalbibliothek verzeichnet diese Publikation in der Deutschen Nationalbibliografie; detaillierte bibliografische Daten sind im Internet über http://dnb.d-nb.de abrufbar.

ISBN: 978-3-7693-1313-0

Copyright (2024) Herold zu Moschdehner
Verlag: BoD · Books on Demand GmbH,
In de Tarpen 42, 22848 Norderstedt
Druck: Libri Plureos GmbH, Friedensallee 273, 22763 Hamburg
Alle Rechte bei dem Autoren.

13,99 Euro

Vorwort

In den stillen Hügeln und dichten Wäldern Mecklenburgs liegen Geschichten verborgen, die tiefer gehen, als die Wurzeln der Bäume. Doch was, wenn einige dieser Geschichten nicht nur Produkte der Fantasie sind, sondern auf wahren Begegnungen und Funden basieren? Die Entdeckung eines prähistorischen Skeletts in Grimmen, begleitet von einem rätselhaften Fragment und einem metallischen Artefakt, hat nicht nur die Region, sondern die gesamte wissenschaftliche Gemeinschaft aufgerüttelt. Was einst als ein gewöhnliches Steingrab erschien, entwickelte sich zu einem der faszinierendsten archäologischen Geheimnisse unserer Zeit, das neue Türen zu unserer Vergangenheit und möglicherweise auch zur Herkunft unseres Daseins öffnet.
Dieses Buch nimmt Sie mit auf eine Reise, die die Grenze zwischen Wissenschaft und Mythos immer wieder überschreitet. Die mysteriösen Funde in Grimmen, eingebettet in die Legenden der Bitzer, stellen nicht nur die traditionellen Theorien über die Besiedlung und Kulturen dieser Region infrage, sondern werfen Fragen auf, die über die Erde hinausgehen. Ist es möglich, dass unsere Vorfahren Kontakt mit Wesen hatten, die nicht von dieser Welt stammen? Sind die Mythen der Bitzer in Wahrheit Erinnerungen an Begegnungen, die uns eine ganz neue Perspektive auf unsere Herkunft und unser Verständnis von Leben im Universum eröffnen?

In den folgenden Kapiteln begleiten Sie die Forscher auf ihrem Weg, ein prähistorisches Puzzle zu lösen, das aus ungewöhnlichen Knochen, fremdartigen Materialien und einem Artefakt besteht, das selbst nach Jahrtausenden seine Geheimnisse bewahrt hat. Dieses Buch ist nicht nur eine Dokumentation der Entdeckungen, sondern auch eine Einladung, das scheinbar Unmögliche in Betracht zu ziehen. Denn vielleicht sind wir nicht allein – und vielleicht hat die Geschichte der Menschheit Verbindungen, die tief in die Sterne reichen.

Lassen Sie sich ein auf die Geheimnisse von Grimmen, die uns daran erinnern, dass der Blick in die Vergangenheit uns manchmal mehr über die Weite des Universums erzählen kann, als wir je zu träumen wagten.

Kapitel 1: Die Stadt Grimmen und ihre archäologische Bedeutung

Die Kleinstadt Grimmen im Nordosten Mecklenburg-Vorpommerns ist bekannt für ihre idyllischen Landschaften und die Ruhe, die von den weiten Feldern und Wäldern ausgeht. Hier, wo sich das Flachland der Küste nähert, und die Trebel mit ihren Nebenarmen das Land durchzieht, erstreckt sich eine Region, die von zahlreichen, oft unscheinbaren archäologischen Stätten geprägt ist. Diese Bodendenkmäler und Funde erzählen von einer Geschichte, die sich über Jahrtausende erstreckt und von prähistorischen Siedlungen und Kultstätten geprägt ist.

Grimmen ist eine Stadt, die sich im Lauf der Zeit treu geblieben ist. Inmitten von historischen Backsteingebäuden und der spätmittelalterlichen Stadtmauer spiegeln sich die Spuren ihrer langen Vergangenheit wider. Doch trotz des Reichtums an Geschichte blieb die archäologische Bedeutung der Region lange Zeit unbeachtet. Erst mit der verstärkten archäologischen Erkundung Mecklenburg-Vorpommerns, insbesondere durch Universitäten und Landesmuseen in den letzten Jahrzehnten, rückten die prähistorischen Spuren der Region verstärkt ins wissenschaftliche Interesse. Eine Sammlung von Megalithstrukturen, Hügelgräbern und Bodenanomalien erregte die Aufmerksamkeit von Archäologen und Geologen gleichermaßen, da die Dichte und Lage dieser Funde auf einen zentralen kulturellen

Knotenpunkt in der Jungsteinzeit hinweisen könnten.

Die Steingräber in Grimmen und Umgebung

Grimmen liegt in einer Region, die seit der Jungsteinzeit von Menschen besiedelt war. Besonders charakteristisch für diese Epoche sind die sogenannten Megalithgräber, massive Steinkonstruktionen, die den Verstorbenen als letzte Ruhestätte dienten. Diese Gräber – von der Fachwelt oft als "Hünengräber" oder "Dolmen" bezeichnet – sind typischerweise aus riesigen Findlingen errichtet, die vermutlich mit erheblichem Aufwand und technischer Raffinesse an ihren Platz bewegt wurden. Die genaue Entstehung und Funktion solcher Gräber bleibt bis heute umstritten, da die Transportmethoden und der Aufwand, der notwendig war, um diese tonnenschweren Steine zu bewegen, den damaligen technologischen Kenntnisstand weit zu übersteigen scheint.
Eines dieser Gräber, das „Grimmen-West" genannte Steingrab, befindet sich am Rande eines Waldstücks, etwa drei Kilometer westlich der Stadt. Die Anlage besteht aus einem Dutzend großer Findlinge, die in einer kreisförmigen Formation um eine zentrale Grabkammer angeordnet sind. Diese Steine sind teilweise mit Moos und Flechten überwachsen und wurden über die Jahrhunderte von den Witterungseinflüssen geformt, doch zeigen sie immer noch klare Kanten und eine auffällige Symmetrie, die auf eine präzise Planung

hindeutet. Die Steine sind aufrecht angeordnet, manche über zwei Meter hoch, und haben an bestimmten Stellen Einkerbungen, die in der Forschung als Markierungen gedeutet werden.

Historische und mythische Erzählungen

Die Einheimischen haben über Generationen hinweg Geschichten über diese Steingräber weitergegeben. Die Gräber galten als „Wohnstätten der Riesen", einer alten Sagengestalt, die angeblich einst die Region bewohnt haben soll. In diesen Erzählungen heißt es, die Riesen hätten die Steine selbst gesetzt, um ihre eigenen Familienangehörigen zu ehren und zu schützen. Solche Legenden, die archaische Erklärungen für die Megalithanlagen bieten, haben ihre Wurzeln tief in der Vorstellungswelt der Menschen aus der Region und spiegeln eine frühe Verbindung zur Landschaft und zu deren eigenwilligen Felsen und Findlingen wider. Aus wissenschaftlicher Perspektive gelten diese mythischen Erklärungen als überliefertes Kulturgut, das möglicherweise Hinweise auf die frühesten Überlieferungen in der Region gibt. In der Archäologie wird seit langem darüber spekuliert, dass die Megalithstrukturen auch astronomische Zwecke erfüllen könnten. Manche Forscher vermuten, dass die Position und Ausrichtung der Gräber in Verbindung mit den Bewegungen der Himmelskörper stehen und dass diese Gräber ursprünglich als frühe „Himmelsobservatorien" genutzt wurden.

Geophysikalische Untersuchungen und Anomalien

Im Jahr 2010 begannen Forscher des Archäologischen Instituts der Universität Rostock und des Geologischen Instituts der Universität Greifswald, erste systematische Untersuchungen der Megalithanlage bei Grimmen durchzuführen. Die Forscher führten eine Reihe von geophysikalischen Tests durch, darunter elektrische Widerstandsmessungen und Magnetometer-Analysen, um Hinweise auf unterirdische Strukturen zu finden. Die Magnetfeldmessungen ergaben ungewöhnliche Signale in einem Bereich direkt unterhalb der Steine, was darauf hinwies, dass sich eine Anomalie etwa 1,5 Meter unterhalb der Erdoberfläche befinden könnte.
Diese Anomalien wurden weiter untersucht, indem die Forscher GPR (Ground Penetrating Radar) einsetzten, eine Methode, bei der elektromagnetische Wellen in den Boden gesendet werden, um auf Unterschiede in der Dielektrizität zu stoßen, die auf Hohlräume oder andere ungewöhnliche Strukturen hinweisen könnten. Die Radar-Messungen ergaben klarere Konturen einer rechteckigen Formation unter dem Steingrab, die sich über etwa fünf Meter erstreckte. Dies weckte erste Hypothesen über eine möglicherweise unterirdische Kammer, die bislang unentdeckt geblieben war.

Sedimentologische und geologische Analysen

Zusätzlich zu den geophysikalischen Untersuchungen wurden Bohrkerne entnommen, um die geologischen Schichten in der Umgebung des Grabes zu analysieren. Die Bohrkerne enthielten Sedimente, die auf die Zeit des Pleistozäns zurückdatiert werden konnten, einer Epoche, die etwa 2,6 Millionen Jahre bis 11.700 Jahre vor heute andauerte. Diese Sedimente bestehen hauptsächlich aus Sanden und Kiesen, die während der Eiszeit abgelagert wurden, sowie feinen Lehmschichten, die auf eine frühere Flusslandschaft hindeuten. Mithilfe von Techniken wie der Optisch-Stimulierten Lumineszenz (OSL) konnte das Alter der Sedimente ermittelt werden, die Schichten datierten sich grob auf die Zeit um 12.000 Jahre vor heute.
Eine Besonderheit des Grabes und der umliegenden Landschaft ist die Anordnung der Findlinge auf einem leicht erhöhten, trockenen Bodenstück. Geologen spekulieren, dass das Plateau, auf dem das Grab errichtet wurde, möglicherweise das Ergebnis natürlicher Erosionsprozesse ist, die durch wechselnde Klimabedingungen während der Eiszeit geprägt wurden. Es wird vermutet, dass die Steinsetzungen ursprünglich als Grabanlagen für bedeutende Persönlichkeiten einer frühen Kultur errichtet wurden und über Jahrtausende hinweg stabil blieben.

Vergleich mit anderen Megalithkulturen

Das Grab bei Grimmen steht nicht allein: In ganz
Mecklenburg-Vorpommern und im nördlichen
Deutschland sind Megalithgräber aus der
Jungsteinzeit anzutreffen. Diese Steingräber
zeigen große Ähnlichkeiten in Form und Bauweise
und wurden vermutlich von Gemeinschaften der
Trichterbecherkultur errichtet, die in der Zeit von
etwa 4.200 bis 2.800 v. Chr. die Region
bewohnten. Ein Vergleich mit Grabanlagen aus
anderen Teilen Europas zeigt, dass bestimmte
architektonische Elemente sich über weite
Entfernungen ähneln. Die rechteckige oder ovale
Anordnung der Steine in Kombination mit
spezifischen Grabkonstruktionen weist auf eine
gemeinsame Kulturpraxis hin, die möglicherweise
auch rituelle Zwecke erfüllt hat.
In Skandinavien und den Britischen Inseln gibt es
Berichte über Megalithanlagen, deren Aufbau
ebenfalls auf eine Art astronomische Orientierung
hinweist. In Grimmen und Umgebung könnten die
neolithischen Kulturen ähnliche Techniken
angewandt haben, um Himmelsphänomene zu
beobachten und in ihre rituellen Praktiken zu
integrieren. Archäoastronomische
Berechnungen, die sich auf die exakte
Ausrichtung der Steine stützen, könnten
Aufschluss darüber geben, ob auch das
Steingrab in Grimmen derartige Funktionen hatte.

Konservatorische Überlegungen und künftige Forschung

Angesichts der geologischen und archäologischen Bedeutung des Steingrabes in Grimmen stellen sich Fragen zur langfristigen Erhaltung der Anlage. Der Einfluss von Witterung und natürlichen Erosionsprozessen gefährdet die Stabilität der Steine, und daher wurden erste Schritte zur Erhaltung der Fundstätte eingeleitet. Forscher arbeiten an der Entwicklung eines Schutzkonzepts, das sowohl den Erhalt der Fundstelle als auch die weitere wissenschaftliche Untersuchung sicherstellen soll.
Zukünftige Grabungen und geophysikalische Messungen sind geplant, um die vollständige Struktur des Grabes freizulegen und möglicherweise weitere Hinweise auf seine Funktion und seine Bedeutung für die Region zu finden. Das Institut für Archäologie der Universität Rostock plant die Einrichtung einer dauerhaften Forschungsstation in der Nähe des Grabes, um fortlaufende Untersuchungen durchzuführen und das Grimmen-West-Gelände in den Kontext der Megalithkultur Norddeutschlands zu stellen.

Fazit

Die unscheinbare Stadt Grimmen und ihre prähistorischen Fundstätten bergen ein großes Potenzial, die Forschung zur Megalithkultur und zur frühen Besiedlung Norddeutschlands entscheidend voranzubringen. Die spezifische Lage und die ungewöhnliche Struktur des

Steingrabes von Grimmen-West werfen Fragen
auf, die nur durch eine behutsame und
langfristige Erforschung beantwortet werden
können.

Kapitel 2: Die Steine des Grimmen-West Steingrabes

Am westlichen Rand von Grimmen, wo sich die sanft geschwungenen Hügel der Trebellandschaft ausdehnen, liegt die unscheinbare Stätte, die als „Grimmen-West Steingrab" bekannt ist. Für den beiläufigen Besucher erscheint dieses Grab auf den ersten Blick wie eine weitere typische Megalithstruktur, eine der vielen prähistorischen Anlagen, die in der Region verstreut sind. Doch bei näherer Betrachtung offenbart sich ein Komplex von außergewöhnlicher Struktur und Zusammensetzung. Es sind nicht nur die massiven Steine, sondern auch die Anordnung, die das Grab von anderen Fundstellen unterscheidet und Archäologen und Geologen gleichermaßen in den Bann zieht.

Die Anordnung und Ausrichtung der Findlinge

Das Grimmen-West Steingrab besteht aus zwölf Steinen, die in einem ovalen Muster angeordnet sind und eine zentrale Kammer umschließen. Die Steine variieren in ihrer Größe, die größten ragen über zwei Meter in die Höhe, während die kleineren sich knapp über dem Boden erheben. Die Steine sind sorgfältig platziert, sodass sie eine klare symmetrische Form bilden, die in der Forschung als Hinweis auf kultische oder rituelle Nutzung interpretiert wird. Die Abstände zwischen den Steinen sind nahezu gleichmäßig, mit minimalen Abweichungen von wenigen

Zentimetern – ein erstaunliches Detail, wenn man bedenkt, dass diese Struktur vor mehreren Jahrtausenden errichtet wurde.

Geomagnetische Untersuchungen und azimutale Berechnungen an den Hauptsteinen deuten darauf hin, dass ihre Ausrichtung auf die Sommersonnenwende abgestimmt ist. Diese Ausrichtung ist kein Zufall: Vergleiche mit anderen Grabanlagen der Trichterbecherkultur legen nahe, dass die Orientierung nach bestimmten Himmelsereignissen eine bewusste Wahl war. Es wurde berechnet, dass der Hauptstein im Zentrum des Ovals exakt auf den Punkt ausgerichtet ist, an dem die Sonne zur Sommersonnenwende aufgeht. Dies führt zur Hypothese, dass das Grimmen-West Steingrab nicht nur ein Ort der Bestattung war, sondern auch eine Funktion als astronomisches Observatorium erfüllt haben könnte.

Das Material der Steine und deren Herkunft

Ein Großteil der Steine besteht aus grobkörnigem Granit, der für die Region typisch ist. Durch geologische Analysen wurde festgestellt, dass die Findlinge vermutlich während der letzten Eiszeit, vor etwa 10.000 Jahren, aus Skandinavien durch eiszeitliche Gletscherbewegungen in die Region transportiert wurden. Petrographische Untersuchungen der mineralischen Zusammensetzung, durchgeführt am Institut für Geologie der Universität Greifswald, zeigten ein charakteristisches Muster von Quarz, Feldspat und Glimmer, das auf die Herkunft aus dem südlichen Skandinavien hinweist. Diese Steine weisen jedoch einige Besonderheiten auf: An mehreren Stellen finden sich schwarze Einschlüsse und eine feine Musterung, die in anderen Megalithanlagen der Region nicht zu beobachten sind.

Durch präzise mineralogische Analyse unter dem Rasterelektronenmikroskop (REM) wurde ein ungewöhnlich hoher Anteil an Hornblende nachgewiesen, einer speziellen Form von Aluminiumsilikat, das in diesen Konzentrationen selten vorkommt. Die hohe Dichte der Hornblende-Einschlüsse beeinflusst die thermische Stabilität der Steine, wodurch sie auch über Jahrtausende ihre Struktur beibehielten, ohne größere Abbrüche oder Erosionsspuren zu zeigen. Diese spezifische Zusammensetzung erklärt möglicherweise, warum die Steine widerstandsfähiger gegen Verwitterung sind als andere in der Region vorkommende Gesteinsarten.

Struktur und Oberflächenmerkmale der Steine

Die Oberflächen der Steine im Grimmen-West Grab weisen klare Einkerbungen und Markierungen auf, die teilweise wie bewusst in das Gestein eingeritzt erscheinen. Während einige dieser Muster auf die natürliche Erosion zurückgeführt werden können, zeigen andere eine zu regelmäßige Form, um zufällig entstanden zu sein. An einem der größten Steine, der im Volksmund „Riesenstein" genannt wird, finden sich feine parallele Linien, die sich in

regelmäßigen Abständen über die gesamte Breite des Steins ziehen. Einem ungeschulten Auge könnten diese Linien wie zufällige Risse erscheinen, doch eine Untersuchung unter dem Digitalmikroskop zeigte, dass die Einkerbungen eine gleichmäßige Tiefe und Breite aufweisen – ein Hinweis darauf, dass sie möglicherweise von menschlicher Hand stammen könnten.
Eine detaillierte 3D-Scan-Untersuchung des Riesensteins ergab eine erstaunlich hohe Präzision in der Anordnung der Linien. Mithilfe eines Laserscanners erstellte das Team ein dreidimensionales Modell des Steins und berechnete die Winkel und Abstände der Linien. Die Analyse ergab, dass diese Linien in einem genauen Abstand von 2,54 cm verlaufen, was einem modernen Zollmaß entspricht. Ob dies ein Zufall ist oder ob die Linien einer bestimmten Methode oder einem Ritual dienen sollten, bleibt Spekulation.

Untersuchungen zur Verwitterung und Abnutzung

Aufgrund der jahrtausendelangen Witterungseinflüsse sind die Steine teilweise stark abgenutzt, doch einige Oberflächenmerkmale sind überraschend gut erhalten. Eine umfassende Studie zur Verwitterung wurde in Zusammenarbeit mit dem Institut für Materialkunde der Universität Rostock durchgeführt, bei der die Oberflächen der Steine analysiert wurden, um Hinweise auf deren ursprüngliche Form zu erhalten. Hierfür wurden Proben der obersten Millimeterschichten entnommen und mittels

Elektronenstrahlmikroanalyse (EDX) auf ihren Mineralgehalt untersucht. Diese Analysen zeigten, dass die Verwitterung der Oberfläche auf den äußersten Schichten beschränkt ist, was auf eine hohe Festigkeit des Gesteins hinweist.

Die Forscher stellten fest, dass einige Steine zudem eine bräunlich-rote Patina aufweisen, die typischerweise bei Gesteinen auftritt, die längere Zeit unter Wasser oder in feuchten Umgebungen gelegen haben. Diese Patina wurde durch Röntgenspektroskopie (XRF) untersucht und wies einen erhöhten Anteil an Eisenoxid auf, was darauf hindeutet, dass die Steine vor ihrer Aufrichtung in einer wasserreichen Umgebung gelegen haben könnten – ein weiteres Indiz für die ursprüngliche Herkunft der Steine aus Skandinavien, wo sie möglicherweise lange in Gletschersedimenten eingeschlossen waren.

Hypothesen zur Funktion und Bedeutung der Steine

Während die strukturellen Merkmale der Steine und ihre Anordnung im Grimmen-West Grab Hinweise auf eine kultische Bedeutung liefern, sind genaue Aussagen über deren Funktion schwer zu treffen. Archäologen und Historiker haben verschiedene Hypothesen entwickelt, um die mögliche Nutzung dieser Anlage zu erklären. Eine der häufigsten Theorien besagt, dass die Steine als markante Orientierungspunkte dienten, die in Verbindung mit rituellen Praktiken eine Rolle im Totenkult spielten.

Eine weniger verbreitete, aber nicht weniger faszinierende Theorie geht davon aus, dass die Steine eine Art energetische Funktion hatten. Die Hornblende-Einschlüsse und die damit verbundene Leitfähigkeit könnten den Steinen eine Art „Energiespeicher" verliehen haben, der in frühen Kulturen möglicherweise als symbolische oder praktische Ressource diente. Diese Theorie basiert auf der Untersuchung von Magnetfeldern um das Grimmen-West Grab, die von einem Forscherteam der Universität Greifswald durchgeführt wurden. Es stellte sich heraus, dass die Steine ein sehr schwaches, aber messbares Magnetfeld aufweisen, das sich vom umgebenden Boden abhebt.

Vergleich mit anderen Kultstätten

Vergleiche mit anderen Megalithstrukturen in der Region deuten darauf hin, dass das Grimmen-West Grab in einer einzigartigen Beziehung zur Landschaft und den Himmelsrichtungen steht. Der Abstand und die symmetrische Anordnung der Steine könnten mit ähnlichen Megalithstrukturen in Dänemark, Südschweden und Norddeutschland verwandt sein, die als Kultstätten oder rituelle Orte bekannt sind. In diesen Strukturen, die sich oft an markanten Geländepunkten wie Flussläufen, Hügeln oder Küstengebieten befinden, wurden ähnliche Gesteinsmerkmale und Ausrichtungen gefunden. Forscher der Universität Kopenhagen haben insbesondere die Verbindung zwischen Himmelsrichtungen und Megalithstrukturen in einem weiten Bogen von Nordwesteuropa bis nach Norddeutschland untersucht und vermuten eine kulturelle Vernetzung, die bereits in der Jungsteinzeit bestanden haben könnte.

Archäologische Schlussfolgerungen und offene Fragen

Die Steine von Grimmen-West stehen beispielhaft für das archäologische Rätsel, das die Megalithkultur darstellt. Die Präzision, mit der sie angeordnet sind, und ihre außergewöhnliche Materialbeschaffenheit werfen Fragen auf, die bislang unbeantwortet bleiben. Die Anomalien, die durch geophysikalische Untersuchungen unterhalb des Steingrabes festgestellt wurden, lassen darauf schließen, dass noch unentdeckte Strukturen oder Artefakte unter den Steinen verborgen liegen könnten. Die Forscher stehen vor der Herausforderung, diese tieferen Schichten zu untersuchen, ohne die Oberfläche der Anlage zu beschädigen – ein Unterfangen, das sowohl technisches Können als auch archäologisches Fingerspitzengefühl erfordert.
Das Grimmen-West Steingrab, so unscheinbar es auf den ersten Blick erscheinen mag, hat das Potenzial, neue Einblicke in die Kultur und das Wissen der Menschen zu geben, die es einst errichteten.

Kapitel 3: Die Entdeckung des Sargs

Nachdem die geophysikalischen Untersuchungen und die ersten archäologischen Ausgrabungen im Bereich des Grimmen-West Steingrabes einige Anomalien im Boden aufgezeigt hatten, entschieden sich die Forscher für eine präzisere Untersuchung des Geländes. Die Messungen wiesen auf eine rechteckige Struktur unterhalb der großen Findlinge hin, die deutlich von den umgebenden Bodenschichten abwich. Eine Entscheidung wurde getroffen: Mit äußerster Sorgfalt und unter strengen konservatorischen Vorgaben begannen die Archäologen eine vorsichtige Ausgrabung im Zentrum des Grabs, um das mysteriöse Objekt zu untersuchen.

Erste Grabungsschichten und Überraschungen im Untergrund

Die Grabung begann mit der vorsichtigen Abtragung der obersten Erdschichten, die durch eine Mischung aus lockeren Sedimenten und wurzelreichen Humusablagerungen gekennzeichnet waren. Die Archäologen arbeiteten sich Millimeter für Millimeter tiefer, um jegliche Strukturveränderungen im Boden zu erkennen, die auf eine mögliche Bestattung oder eine Grabkammer hinweisen könnten. Nach etwa 50 Zentimetern stießen sie auf eine Schicht aus kompaktem Lehm, die überraschend einheitlich war und sich über die gesamte Fläche erstreckte, was darauf hindeutete, dass diese

Schicht absichtlich angelegt worden war,
möglicherweise um eine darunter liegende
Kammer vor Feuchtigkeit und Verwitterung zu
schützen.
Zusätzlich zur Lehmbarriere stießen die Forscher
auf eine Anhäufung kleiner, fast kugelförmiger
Steine, die in einem gleichmäßigen Abstand um
die vermutete Grabkammer angeordnet waren.
Petrographische Analysen dieser Steine ergaben,
dass sie aus Basalt bestanden, einem Gestein,
das in der Umgebung von Grimmen nicht
vorkommt. Dies deutete darauf hin, dass die
Steine von einem anderen Ort hierher gebracht
worden waren, ein Aufwand, der auf eine hohe
Bedeutung dieser Stelle hinweist.
Nach dem Entfernen dieser Schutzschichten und
der Sicherung der Fundstücke stießen die
Forscher auf eine weitere Schicht, die aus
dichtem, fast schwarzem Sand bestand. Eine
Analyse dieses Sandes ergab einen hohen Anteil
an oxidiertem Eisen, was darauf hindeutete, dass
das Material möglicherweise durch eine frühere
Einwirkung von Feuer verändert worden war.
Diese Schicht sorgte unter den Archäologen für
Unruhe, da es ungewöhnlich ist, eine solch dichte
Sandformation innerhalb einer prähistorischen
Grabkammer zu finden.

Das erste Erscheinen des Sargs

Nach weiteren Tagen geduldiger Arbeit stießen
die Archäologen schließlich auf die oberste
Kante eines massiven Objekts, das unter der
Sand- und Lehmschicht verborgen lag. Die ersten

freigelegten Zentimeter ließen auf eine rechteckige Struktur schließen, die sich fast über die gesamte Länge und Breite des zentralen Grabbereichs erstreckte. Was die Forscher jedoch besonders verblüffte, war die schiere Größe dieses Objekts: Mit über zwei Metern in der Breite und mindestens vier Metern in der Länge war es für damalige Begräbnisse weit überdimensioniert.

Die Oberfläche des Objekts war überraschend glatt, und unter dem schwachen Schein der Arbeitslampen trat das Material nach und nach deutlicher hervor. Es handelte sich um eine Art steinähnliches Material, das sich trotz seiner rauen Oberfläche durch ein ungewöhnliches, leicht metallisches Schimmern auszeichnete. Erste Materialproben, die vorsichtig entnommen wurden, wiesen auf eine dichte mineralische Zusammensetzung hin, die in ihrer Struktur und Dichte an Basalt erinnerte, aber mehrere außergewöhnliche Bestandteile enthielt. Analysen im Labor ergaben, dass das Material Spuren von Siliziumdioxid und seltenen Eisenoxiden enthielt, die so in natürlichen Gesteinen selten auftreten.

Die Struktur des Sargs und seine ungewöhnlichen Merkmale

Der Sarg war, soweit die Forscher es erkennen konnten, aus einem einzelnen massiven Block gefertigt. Die Oberfläche zeigte keinerlei Fugen oder Verbindungen, die auf eine mehrteilige Konstruktion hindeuten würden – ein Umstand,

der die Archäologen vor ein Rätsel stellte. Wie
konnte eine Zivilisation, die vor mehreren tausend
Jahren lebte, einen solchen Monolithen mit
solcher Präzision formen und transportieren? Die
Art der Bearbeitung und die Abwesenheit von
Bearbeitungsspuren ließen vermuten, dass dieser
Block möglicherweise durch eine Technik geformt
worden war, die den damaligen Werkzeugen
weit überlegen war.
Bei genauerer Untersuchung entdeckten die
Forscher feine Gravuren entlang der Ränder des
Sargs. Diese Muster bestanden aus Reihen von
Linien, die in bestimmten Abständen zueinander
verlaufen und sich an den Ecken zu
geometrischen Mustern verdichten. Die Linien
und Muster weisen eine mathematische
Regelmäßigkeit auf, die durch Zufall kaum erklärt
werden kann. Eine erste Analyse der Muster mit
einem Digital-Mikroskop ergab, dass diese
Gravuren nicht tiefer als 0,5 Millimeter in das
Material eingedrungen sind, was auf eine extrem
präzise Technik zur Erstellung der Muster hinweist.
Einige der Linien zeigen darüber hinaus winzige
Einlagen von metallischen Partikeln, die unter UV-
Licht in einem leicht bläulichen Schimmer
erstrahlen. Eine Analyse dieser Partikel ergab eine
ungewöhnliche Zusammensetzung aus Kupfer
und Beryllium, die in dieser Form in natürlichen
Metallen nicht vorkommt. Diese Partikel könnten
möglicherweise absichtlich in die Linien eingefügt
worden sein, was auf eine besondere
symbolische oder technische Bedeutung
hinweisen könnte.

Die rätselhafte Größe des Sargs

Die Dimensionen des Sargs stellten das Archäologenteam vor erhebliche Fragen. Ein Sarg dieser Größe war in keiner der bekannten Kulturen der Jungsteinzeit in Norddeutschland dokumentiert worden, und selbst für spätere Epochen wäre eine solche Monumentalität ungewöhnlich. Das Volumen des Sargs überstieg jedes Maß, das für menschliche Bestattungen angemessen erschien, und war in seiner Höhe so bemessen, dass selbst ein sehr großer Mensch darin bequem Platz gefunden hätte.
Zunächst versuchten die Forscher, den Sarg in einem kulturellen und rituellen Kontext zu interpretieren. Einige Hypothesen schlossen nicht aus, dass es sich um ein monumentales Symbolgrab handelte, eine Art Denkmal, das möglicherweise einen wichtigen kulturellen oder religiösen Zweck erfüllte. Doch selbst in dieser Funktion blieb die Größe des Sargs ein außergewöhnlicher und untypischer Fund.
Die Archäologen erstellten mithilfe eines digitalen 3D-Modells eine detaillierte Darstellung des Sargs, um die Proportionen und Oberflächenmerkmale zu dokumentieren. Diese Modelle wurden anschließend analysiert, um festzustellen, ob es Hinweise auf einen spezifischen Zweck oder eine besondere symbolische Bedeutung des Sargs gab. Die geometrische Genauigkeit und Symmetrie des Sargs wiesen auf eine ausgeprägte mathematische Präzision hin, die darauf hindeutete, dass die Erbauer über ein

fortgeschrittenes Wissen in Bezug auf Maße und
Proportionen verfügten.

Die Tiefe der Grabkammer und weitere Entdeckungen

Die Grabkammer, in der der Sarg lag, war
ebenfalls ungewöhnlich tief angelegt. Die
Archäologen hatten im Vorfeld erwartet, auf eine
relativ flache Anlage zu stoßen, wie sie für
Megalithgräber in der Region typisch war. Doch
mit jedem weiteren Zentimeter, den die Forscher
freilegten, offenbarte sich die außergewöhnliche
Tiefe der Kammer. Der Sarg war nahezu
vollständig im Boden versenkt, was auf eine
spezielle Anfertigung der Grabkammer für diesen
speziellen Fund hindeutet.
Die Forscher fanden in den Schichten um den
Sarg herum zahlreiche kleine Steine, die
gleichmäßig verteilt und scheinbar bewusst
platziert worden waren. Durch erste
mineralogische Tests wurde bestätigt, dass diese
Steine keine lokalen Materialien darstellten,
sondern von weiter entfernten Fundstellen
stammten, möglicherweise aus der heutigen
Region Nordnorwegens oder des südlichen
Schwedens. Diese Steine, die aus einer besonders
dichten Gesteinsart bestanden, scheinen mit
einer spezifischen Absicht im Umkreis des Sargs
verteilt worden zu sein, was auf ein rituelles
Element in der Bestattung hindeuten könnte.
Ein weiterer Fund, der das Forscherteam
beschäftigte, war eine dünne Schicht aus
verfestigtem Ton direkt unter dem Sarg. Dieser

Ton wies eine ungewöhnlich hohe Konzentration an seltenen Erden auf, darunter Scandium und Lanthan, die in natürlichen Tonvorkommen dieser Art äußerst selten vorkommen. Die Herkunft dieses Tons konnte trotz intensiver Analysen nicht eindeutig geklärt werden, was zur Frage führte, ob das Material möglicherweise bewusst aus einer weit entfernten Region beschafft und zur Grabstätte gebracht worden war.

Wissenschaftliche Erfassung und erste Vermutungen

Nachdem der Sarg freigelegt und dokumentiert worden war, begannen die Forscher mit weiteren Analysen und Materialproben, um das Alter und die Herkunft des Sargs so präzise wie möglich zu bestimmen. Erste Spektralanalysen und die Analyse der mineralischen Zusammensetzung deuteten darauf hin, dass das Material selbst möglicherweise mehreren tausend Jahren standgehalten hatte, ohne wesentliche Verwitterungsspuren zu zeigen. Eine solche Stabilität und Unversehrtheit sind höchst ungewöhnlich für Funde dieser Art und könnten auf eine spezielle Technik der Steinbearbeitung hinweisen, die im archäologischen Kontext bislang unbekannt ist.
Zusätzlich zu den archäologischen Untersuchungen wurden Materialproben an externe Labors in Deutschland und Skandinavien geschickt, um eine umfassende geochemische Analyse und gegebenenfalls Radiokarbon- oder Isotopenanalysen durchzuführen. Die Forscher

standen vor der Herausforderung, den Ursprung und die Einordnung des Sargs innerhalb des prähistorischen Kontextes zu bestimmen, und die ersten Resultate ließen viele Fragen offen.

Fazit des dritten Kapitels

Die Entdeckung des Sargs im Grimmen-West Steingrab wirft ein unerwartetes Licht auf die Funktion und Bedeutung dieser Megalithanlage. Die außergewöhnliche Größe, das Material und die Anordnung des Sargs lassen auf eine komplexe und möglicherweise hochentwickelte Kultur schließen, deren Riten und Techniken bislang im Verborgenen lagen. Noch ohne zu wissen, was sich in diesem Sarg verbirgt, nähern sich die Forscher mit wissenschaftlicher Vorsicht und analytischer Präzision einem Fund, der alle bisherigen Erkenntnisse über die prähistorische Besiedlung der Region Grimmen infrage stellen könnte.

Kapitel 4: Das Skelett im Sarg

Nachdem der Sarg vollständig freigelegt und dokumentiert war, stand die Frage im Raum, was genau er enthalten könnte. Die ungewöhnliche Größe und das außergewöhnliche Material hatten bereits intensive Diskussionen ausgelöst. Nun bereiteten sich die Forscher darauf vor, den Sarg zu öffnen und zu sehen, was sich in seinem Inneren verbarg. Mit äußerster Vorsicht und unter Berücksichtigung der konservatorischen Maßnahmen wurde schließlich der schwere Deckel gelüftet. Was sie entdeckten, übertraf alle Erwartungen.

Die ersten Blicke auf das Innere des Sargs

Als der Deckel entfernt wurde, offenbarte sich eine weitere, fast bizarre Schicht, die den Boden des Sargs bedeckte. Es handelte sich um ein feines, weißliches Pulver, das in einer dünnen, gleichmäßigen Schicht über die gesamte Bodenfläche verteilt war. Eine chemische Analyse dieses Pulvers ergab, dass es sich um eine ungewöhnliche Mischung von Kalziumoxiden und Kohlenstoffspuren handelte, möglicherweise ein Überrest organischen Materials oder eine konservatorische Maßnahme der damaligen Zeit. Solche Praktiken sind bei prähistorischen Bestattungen allerdings äußerst selten dokumentiert, was darauf hindeuten könnte, dass es sich hier um eine kulturell spezifische Tradition handelte.

Unter dieser Schicht aus feinem Pulver kam
schließlich das Skelett eines Wesens zum
Vorschein – ein Skelett, das alle bisherigen
archäologischen Maßstäbe sprengte. Die
Knochenstruktur wirkte auf den ersten Blick nicht
menschlich; sie war viel größer und hatte
anatomische Merkmale, die von denen des
Homo sapiens abwichen. Die Forscher verharrten
zunächst in einer Mischung aus Verwunderung
und Skepsis, als sie die ersten Knochen freilegten.

Die Proportionen und Anordnung des Skeletts

Das Skelett, das sich im Inneren des Sargs befand,
war in Rückenlage ausgerichtet, die Gliedmaßen
sorgfältig neben dem Körper positioniert. Die
Gesamtlänge des Skeletts betrug über 2,5 Meter,
was auf eine Körpergröße hindeutete, die selbst
für die größten Menschen, die je dokumentiert
wurden, ungewöhnlich groß war. Die Forscher
stellten fest, dass die langen Knochen der
Gliedmaßen proportional zur Gesamtlänge des
Körpers passten, was darauf schließen lässt, dass
das Wesen tatsächlich eine natürliche
Körpergröße von weit über zwei Metern erreicht
haben könnte.
Die Rippen wiesen eine stark gewölbte Form auf,
die in dieser Ausprägung bei keiner menschlichen
Population bekannt ist. Auch die Beckenknochen
waren breiter und flacher als gewöhnlich, was zu
weiteren Spekulationen über die Anatomie des
Wesens führte. Erste Messungen der
Schädellänge und -breite ergaben eine
ungewöhnliche Asymmetrie, die durch eine

vorsichtige Untersuchung dokumentiert wurde. Der Schädel selbst war langgezogen und besaß an der Stirn eine flache Kante, die in einem sanften Winkel nach hinten verlief. Die Forscher bemerkten außerdem, dass der Kiefer ungewöhnlich breit und massig war, fast wie bei einem Raubtier, was den Eindruck eines extrem kräftigen Wesens vermittelte.

Materialanalysen der Knochenstruktur

Zur Bestimmung des Alters und der Zusammensetzung des Skeletts wurden verschiedene Analysen der Knochenproben durchgeführt. Unter der Führung eines Teams von Paläoanthropologen wurden dünne Schnittproben der Knochen für mikroskopische Untersuchungen vorbereitet. Erste Resultate der Dichtemessungen ergaben eine ungewöhnlich hohe Mineralkonzentration, was auf eine ausgezeichnete Konservierung der Knochen hinweist. Die Dichte der Knochensubstanz lag bei etwa 1,9 g/cm³, was den Durchschnittswert menschlicher Knochen bei weitem übertrifft. Dieses Resultat könnte auf eine außergewöhnlich starke Knochendichte hinweisen, möglicherweise als Anpassung an eine Umgebung oder Lebensweise, die starke physische Belastungen erforderte.
Die chemische Zusammensetzung der Knochen wurde durch Röntgenfluoreszenz (XRF) analysiert, und die Ergebnisse waren unerwartet. Neben den üblichen Bestandteilen wie Kalzium und Phosphor enthielten die Knochen Spuren von

Elementen wie Strontium und Zirkonium, die bei
menschlichen Skeletten nicht in dieser
Konzentration vorkommen. Die erhöhte
Strontiumkonzentration könnte auf eine
spezifische Nahrungskette hinweisen,
möglicherweise eine besondere pflanzliche oder
tierische Diät, die reich an diesem Element war.
Die Entdeckung von Zirkonium, einem seltenen
Metall, das in der Natur nur in geringen Mengen
vorkommt, stellte die Forscher jedoch vor ein
Rätsel, da bisher kein organisches Gewebe
bekannt ist, das dieses Metall in solchen
Konzentrationen enthält.

Die ungewöhnliche Anatomie: Vergleich mit bekannten Spezies

Die Forscher standen nun vor der Aufgabe, das
gefundene Skelett in Relation zu anderen
bekannten Spezies zu setzen, um mögliche
Gemeinsamkeiten und Unterschiede festzustellen.
Eine morphologische Analyse der Schädelstruktur
und der langen Knochen zeigte Ähnlichkeiten mit
den Neandertalern, jedoch wies das Skelett auch
wesentliche Unterschiede auf. Die Knochen
waren länger und robuster, und der Schädel
hatte eine Form, die in ihrer Länge eher an Homo
erectus erinnerte, während der massive
Unterkiefer auf eine starke Kaumuskulatur
hindeutete.
Die Rippen waren in einem außergewöhnlichen
Winkel gebogen, was darauf hinweist, dass die
Lungen des Wesens möglicherweise eine größere
Kapazität hatten als die des modernen

Menschen. Diese Anpassung könnte das Resultat einer hohen körperlichen Belastung oder eines speziellen Lebensraums sein, der erhöhte Lungenkapazität erforderte. Die Knochendichte und die Masse der Knochenstruktur ließen darüber hinaus darauf schließen, dass das Wesen möglicherweise ein höheres Körpergewicht tragen konnte, ohne die Stabilität zu verlieren.

Die ersten wissenschaftlichen Reaktionen

Nach der Entdeckung und Dokumentation des Skeletts veranlassten die Archäologen eine Reihe von wissenschaftlichen Tests und begannen mit der Publikation erster Ergebnisse in Fachzeitschriften. Die internationalen Reaktionen ließen nicht lange auf sich warten: Die Forschungsgemeinschaft reagierte teils mit Faszination, teils mit Skepsis. Die Größe und die ungewöhnliche Anatomie des Wesens warfen Fragen auf, die noch nie zuvor in archäologischen und anthropologischen Untersuchungen aufgetaucht waren.
In einer Konferenz zum Thema Prähistorische Anthropologie stellten die Forscher ihre ersten Ergebnisse vor und verglichen das gefundene Skelett mit bekannten Großwuchs-Phänomenen aus anderen Kulturen, darunter die „Riesen" aus den nordischen und keltischen Sagen sowie die „Nephilim" der biblischen Überlieferungen. Doch während solche Referenzen in der Mythologie oft symbolisch interpretiert werden, stand das Team in Grimmen vor einer physisch belegten Realität, die Fragen nach einer möglichen prähistorischen

Spezies oder gar einer unbekannten
Menschengruppe aufwarf.

Konservatorische Maßnahmen und Lagerung des Skeletts

Nach der vollständigen Freilegung und der ersten
Untersuchungen stand die Aufgabe an, das
Skelett angemessen zu konservieren. Da es sich
um einen einzigartigen Fund handelte, wurde
eine klimatisierte Vitrine speziell für das Skelett
angefertigt, die das Material vor
Temperaturschwankungen und Feuchtigkeit
schützt. Die Knochen wurden vorsichtig mit einem
Konservierungsmittel behandelt, das ihre Stabilität
langfristig gewährleistet, ohne die Möglichkeit
weiterer Analysen zu beeinträchtigen.
Im Labor wurde das Skelett zur weiteren
Untersuchung in ein Scanningverfahren
eingebracht, um hochpräzise CT- und MRT-
Aufnahmen zu erstellen, die die innere Struktur
der Knochen im Detail abbilden. Diese Bilder
halfen den Forschern, winzige Abweichungen
und mögliche Pathologien zu erkennen, die
Hinweise auf die Lebensweise des Wesens geben
könnten. Die konservatorischen Maßnahmen
wurden in Zusammenarbeit mit dem Landesamt
für Archäologie durchgeführt, und der Fund
wurde als nationales Kulturgut anerkannt, was
eine internationale Kooperation und
wissenschaftliche Begutachtung ermöglichte.

Hypothesen zur Herkunft und Einordnung

Mit jedem neuen Analyseergebnis entstanden weitere Hypothesen, die jedoch vorerst nicht eindeutig bewiesen werden konnten. Die Forscher debattierten, ob das Skelett tatsächlich zu einer prähistorischen Population gehörte, die bisher nicht dokumentiert worden war, oder ob es sich um ein Einzelfossil handelte, das durch genetische Anomalien zu seiner Größe gelangt war. In wissenschaftlichen Kreisen wurde spekuliert, dass es sich möglicherweise um eine Form von Homo erectus oder sogar um eine eigenständige Linie innerhalb der Gattung Homo handeln könnte, doch die Datenlage blieb vorläufig.

Einige Forscher schlugen vor, dass das Skelett Hinweise auf eine Population liefern könnte, die in einer für den Menschen unbekannten Epoche gelebt hatte und möglicherweise aus einer anderen Region stammte. Die bisherigen Ergebnisse ließen jedoch keine genauen Rückschlüsse auf die geografische Herkunft zu, und so entschied sich das Team, weitere DNA- und Isotopenanalysen in Auftrag zu geben, um Klarheit über die Herkunft und den genetischen Hintergrund des Wesens zu erlangen.

Fazit des vierten Kapitels

Das Skelett im Sarg von Grimmen-West ist ein Fund, der zahlreiche neue Fragen aufwirft und die bisherigen Annahmen über prähistorische Lebensformen infrage stellt. Die Anatomie des

Wesens, seine ungewöhnliche Größe und die spezifische Knochendichte sind Merkmale, die keine unmittelbaren Parallelen in der prähistorischen Archäologie besitzen. Die Forscher stehen vor der Herausforderung, eine plausible Erklärung für die Existenz dieses Wesens zu finden, während die ersten Ergebnisse die wissenschaftliche Gemeinschaft bereits elektrisiert haben.

In den kommenden Kapiteln wird der Fokus auf weiteren Analysen und Experimenten liegen, die versuchen, das Bild dieses Wesens zu vervollständigen.

Kapitel 5: Rekonstruktion eines Unbekannten – Hypothesen zur Erscheinung des Wesens

Mit dem Fortschreiten der Untersuchung des Skeletts und der außergewöhnlichen Ergebnisse begann das Forscherteam, sich der Frage zu widmen, wie dieses Wesen zu Lebzeiten ausgesehen haben könnte. Die ungewöhnliche Größe, die robuste Knochendichte und die merkwürdige Anatomie warfen die faszinierende Hypothese auf, dass es sich um eine Spezies handelte, die sich deutlich von den bekannten Vertretern der Gattung Homo unterschied. Dieses Kapitel widmet sich der Rekonstruktion des Wesens, gestützt auf Labordaten und modernste forensische Methoden.

Die Rekonstruktion des Skeletts: Techniken und Methodik

Für die Rekonstruktion der Erscheinung des Wesens wurden computergestützte Modelle des Skeletts erstellt. Mit hochauflösenden 3D-Scannern und Bildverarbeitungstechniken wurde das Skelett in verschiedenen Positionen digitalisiert und in ein CAD-Programm überführt, um die Proportionen und möglichen Muskelansätze genau zu ermitteln. Die Analyse der Muskelansätze am Schulterblatt und am Oberschenkelknochen ließ darauf schließen, dass das Wesen über außergewöhnlich kräftige Muskeln im oberen und unteren Körperbereich verfügt haben könnte, was auf eine hohe physische Belastbarkeit deutet.

Die Forscher benutzten eine Methode der „Knochen-Muskel-Rekonstruktion" und konnten daraus ein Modell der Muskelanordnung ableiten. Anhand der Muskelansatzstellen und mithilfe der volumetrischen Analyse des Skeletts berechneten sie eine mögliche Muskelmasse, die etwa 40% über dem menschlichen Durchschnitt liegt. Diese erhöhte Muskelmasse könnte auf eine extreme physischen Kraft und Agilität des Wesens hindeuten und legte die Vermutung nahe, dass es sich um ein Lebewesen handelte, das an schwere Belastungen angepasst war.

Hypothesen zur Haut- und Körperstruktur

Die Frage nach der Haut- und Gewebebeschaffenheit des Wesens stellte eine Herausforderung dar, da keine Weichteile erhalten geblieben waren. Jedoch ließen sich Hinweise auf die Hautdichte und -struktur durch die Knochenbeschaffenheit ableiten. Die erhöhte Knochendichte und die Struktur der Muskelansätze deuteten darauf hin, dass das Wesen möglicherweise eine dickere Haut oder eine besonders strapazierfähige Außenhaut besaß. In Analogie zu den heutigen Menschenaffen und anderen Primaten könnte das Wesen eine grobe Hauttextur gehabt haben, die es vor klimatischen und physischen Einwirkungen schützte.
Die Wissenschaftler spekulierten, dass diese Haut dick und widerstandsfähig gewesen sein könnte, ähnlich der Haut von Säugetieren, die an extremere Lebensbedingungen angepasst sind.

Eine weitere Hypothese deutete darauf hin, dass das Wesen möglicherweise eine Art Schuppen oder ein ledriges Exoskelett besaß, was die hohe Dichte der Knochen ergänzte und einen erhöhten Schutz bot. Mit computergestützten Programmen simulierten die Forscher diese Hypothese und berechneten die Belastbarkeit einer solchen Hautschicht, die ein Gewicht von etwa 50 Kilogramm ohne Strukturveränderung hätte tragen können.

Die ungewöhnlichen Kopfform und Gesichtszüge

Ein besonderer Fokus lag auf der Rekonstruktion des Kopfes, da der Schädel sowohl in seiner Form als auch in der Struktur bemerkenswert war. Der Schädel besaß eine langgezogene Form und eine ungewöhnliche Verdickung im Bereich der Stirn. Ein solches Merkmal war in keiner bekannten Menschengruppe dokumentiert und deutet auf eine einzigartige Kopfanatomie hin, die möglicherweise evolutionär bedingt war. Die Forscher entwickelten ein forensisches Modell des Kopfes, das auf den markanten Knochenstrukturen basierte. Die verlängerte Schädelform und die breiten Wangenknochen deuteten darauf hin, dass das Wesen eine hohe Stirn und eine stark ausgeprägte Kieferpartie besessen haben könnte. Der Kiefer selbst war massiv und wies auf eine starke Kaumuskulatur hin, was darauf schließen ließ, dass das Wesen harte oder besonders nährstoffreiche Nahrung zu sich nahm. Die Nasenöffnung war verhältnismäßig breit und flach, was möglicherweise auf ein stark entwickeltes Geruchssinnesorgan hindeutet.

Zusätzlich berechneten die Forscher das Verhältnis zwischen Augenhöhlen und Schädelform, was ergab, dass das Wesen verhältnismäßig große Augen gehabt haben könnte. Die Position und Größe der Augenhöhlen legte die Hypothese nahe, dass das Wesen möglicherweise über ein erweitertes Sehvermögen verfügte, vielleicht angepasst an schlechte Lichtverhältnisse oder besondere Umweltanforderungen. Diese Hypothesen wurden durch Simulationen gestützt, die ein verstärktes Nachtsichtvermögen in einem hypothetischen Modell des Wesens darstellten.

Simulation der Bewegungsabläufe

Mit den anatomischen Daten erstellten die Forscher Simulationen der Bewegungsabläufe, um die physische Leistungsfähigkeit des Wesens zu bewerten. Die Gelenkwinkel und die Stärke der langen Knochen deuteten darauf hin, dass das Wesen möglicherweise in der Lage war, große Distanzen zurückzulegen, und das sogar mit hoher Geschwindigkeit. Die Forscher testeten verschiedene Modelle der Bewegungsmechanik, darunter Laufen, Klettern und Springen, und stellten fest, dass das Wesen in der Lage gewesen wäre, weit ausgreifende Schritte zu machen und auch Steigungen relativ mühelos zu bewältigen. Eine biomechanische Simulation des Hüftgelenks zeigte, dass das Wesen eine hohe Flexibilität im Beckenbereich besaß, was für eine Anpassung

an unebenes Gelände sprechen könnte. Die
außergewöhnliche Belastbarkeit der Knochen
und die erhöhten Muskelansätze ließen darüber
hinaus vermuten, dass das Wesen ein Gewicht
von über 150 Kilogramm problemlos tragen
konnte, was über dem Durchschnitt eines
modernen Menschen liegt.

Die Labordaten: Übertreffende Stärke und Langlebigkeit?

Einige der außergewöhnlichsten Ergebnisse
ergaben sich aus den physikalischen und
chemischen Labordaten der Knochen,
insbesondere in Bezug auf deren Struktur und
mögliche Langlebigkeit. Die hohe
Knochendichte könnte auf eine gesteigerte
Lebensdauer oder ein besonders hohes Alter des
Wesens hindeuten. Die Forscher führten
Isotopenanalysen durch, um das Alter des
Skeletts zu bestimmen, und entdeckten dabei
ungewöhnliche Spuren von Kohlenstoff- und
Sauerstoffisotopen, die in dieser Kombination
bislang nicht bei menschlichen oder tierischen
Knochen festgestellt worden waren.
Eine Hypothese, die das Forscherteam diskutierte,
besagte, dass das Wesen eine besondere
Resistenz gegenüber physischen und chemischen
Einflüssen hatte, was ihm möglicherweise eine
extrem hohe Lebenserwartung verlieh. Die
Isotopenverhältnisse deuteten darauf hin, dass
das Wesen möglicherweise über Jahrhunderte
hinweg körperlich aktiv gewesen sein könnte,
was in der Biologie des Menschen völlig

unbekannt ist. Diese Hypothese wurde jedoch mit
Vorsicht behandelt, da keine direkten Beweise
vorlagen, die die Langlebigkeit bestätigen
konnten.

Die Ergebnisse der Laborsimulationen und Hypothesenbildung

Um die Hypothesen zur Physiologie und zum
möglichen Lebensraum des Wesens zu testen,
führten die Wissenschaftler weitere
Laborsimulationen durch, die den Einfluss
verschiedener Umweltbedingungen auf das
Skelett untersuchten. Simulationen von
Temperatur- und Druckverhältnissen, die das
Gestein und die Knochen stark beanspruchten,
ergaben, dass das Wesen bei extremen
Bedingungen hätte überleben können. Die
Forscher simulierten zum Beispiel klimatische
Szenarien mit sehr niedrigen Temperaturen und
hoher Strahlungsintensität, wie sie in
Hochgebirgen oder Polargebieten vorkommen.
Die Resultate deuteten darauf hin, dass das
Wesen an kältere, weniger lebensfreundliche
Umgebungen angepasst gewesen sein könnte.
Die ungewöhnlichen Bestandteile in den
Knochen, darunter Zirkonium und Strontium,
legten die Hypothese nahe, dass das Wesen in
einer Region lebte, die einen hohen Anteil dieser
Elemente im Boden oder Wasser aufwies. Um
diese Hypothese zu verifizieren, verglichen die
Forscher die Isotopenmuster in den Knochen mit
bekannten geochemischen Datenbanken und
fanden heraus, dass ähnliche Elemente in

Spurenkonzentrationen in den Hochländern Skandinaviens und im nördlichen Russland vorkommen.

Spekulationen über das äußere Erscheinungsbild und Verhalten

Mit den bisherigen Ergebnissen spekulierten die Forscher über das mögliche äußere Erscheinungsbild und Verhalten des Wesens. Die auffällige Schädel- und Kieferform könnte darauf hindeuten, dass das Wesen eine stark entwickelte Mimik besaß und möglicherweise ein komplexes Sozialverhalten zeigte. Die robuste Körperstruktur und die muskulösen Ansätze könnten zudem bedeuten, dass das Wesen eine dominante Stellung in seiner Umgebung einnahm, eventuell ein „Alpha-Tier" innerhalb seiner Art.
Das Verhalten des Wesens könnte – nach diesen Vermutungen – aggressiv oder territorial gewesen sein, was durch die starke Kiefermuskulatur und die erweiterte Knochenstruktur gestützt wird. Es wurde auch spekuliert, dass das Wesen möglicherweise in kleinen sozialen Gruppen lebte und eine ranghohe Position einnehmen konnte, basierend auf der Kraft und physischen Überlegenheit gegenüber anderen Gruppenmitgliedern. Diese Hypothese bleibt jedoch spekulativ und wird in den folgenden Kapiteln noch eingehender untersucht.

Fazit des fünften Kapitels

Die Rekonstruktion des Wesens aus dem Sarg von Grimmen-West zeigt ein außergewöhnliches Lebewesen, dessen physische Eigenschaften und mögliche Verhaltensweisen sich deutlich von bekannten Menschenspezies unterscheiden. Die durchgeführten Simulationen und Labordaten lassen den Schluss zu, dass dieses Wesen möglicherweise in einer extremen Umgebung lebte, die es zu einem hohen Grad an physischer Anpassung zwang. In den kommenden Kapiteln wird der Fokus auf der genaueren Untersuchung des Skeletts und der potenziellen biologischen Anomalien liegen, die dieses faszinierende Wesen zu einem der einzigartigsten Funde der Archäologie machen.

Kapitel 6: Ein Blick ins Unbekannte – Der erste Hinweis auf eine außerirdische Herkunft

Nachdem die detaillierte Rekonstruktion des Wesens die Forscher mit immer neuen Rätseln konfrontierte, richtete sich der Fokus nun auf eine tiefgehende Analyse der chemischen Zusammensetzung des Skeletts und eine Untersuchung der biologischen und molekularen Strukturen, die im Rahmen bisheriger Funde noch nie so dokumentiert wurden. Die Analysen der Knochen und ungewöhnlichen Spuren im Inneren des Sargs lieferten Ergebnisse, die die Frage nach der Herkunft des Wesens auf eine neue Ebene hoben. Es begannen sich Indizien anzusammeln, die auf eine Herkunft jenseits des Planeten Erde hindeuteten – eine Überlegung, die die wissenschaftliche Gemeinschaft elektrisierte und die bisherigen Vorstellungen von prähistorischen Funden in Frage stellte.

Die ersten Anomalien in den Laboranalysen

Die ungewöhnliche chemische Zusammensetzung der Knochen des Wesens erregte bereits zu Beginn großes Interesse, doch neue, genauere Spektralanalysen brachten weitere Besonderheiten ans Licht. In den Knochen wurde ein Element nachgewiesen, das auf der Erde nur in extrem seltenen Formen vorkommt: Iridium. Dieses metallische Element wird normalerweise in geringen Mengen in Meteoriten gefunden, was die Hypothese aufwarf, dass das Skelett oder seine Umgebung einem ungewöhnlich hohen Anteil an extraterrestrischem Material ausgesetzt war. Die Iridiumkonzentration lag bei etwa 0,02 %, was zwar gering erschien, jedoch über dem natürlichen Anteil in menschlichen Knochen lag und in einer prähistorischen Umgebung praktisch nicht vorkommen sollte.

Eine weitere, noch ungewöhnlichere Entdeckung war die Präsenz eines radioaktiven Isotops von Xenon, Xenon-129, das normalerweise nicht in biologischen Materialien nachgewiesen wird. Xenon-129 entsteht in der Regel durch kosmische Strahlung, die mit extraterrestrischen Materialien interagiert. Die Forscher gingen davon aus, dass dieses Isotop entweder durch den Einfluss außerirdischer Materialien oder durch einen Aufenthalt in einem Raum mit hoher kosmischer Strahlung auf das Skelett gelangt war. Das Auftreten dieses Isotops führte zu intensiven Debatten und rief Interesse in der wissenschaftlichen Gemeinschaft hervor, da es keine natürlichen Prozesse auf der Erde gibt, die eine derart hohe Konzentration von Xenon-129 in biologischen Materialien erzeugen könnten.

Die Struktur des Knochengewebes und mikrobiologische Untersuchungen

Neben den chemischen Anomalien in den Knochen wurde auch die Mikrostruktur des Knochengewebes einer genauen Untersuchung unterzogen. Unter dem Rasterelektronenmikroskop wurden Zellreste im Knochen entdeckt, die in ihrer Form und Struktur nicht den typischen osteoblastischen Zellen von Menschen oder anderen bekannten Säugetieren entsprachen. Diese Zellen hatten eine zylindrische Struktur mit einer inneren Membran, die ungewöhnlich widerstandsfähig war und selbst nach Jahrtausenden im Boden intakt geblieben war.

Eine mikroskopische Untersuchung dieser Zellmembranen zeigte eine einzigartige Kombination von Molekülen, die noch nie in biologischem Material nachgewiesen worden war. Insbesondere die Anordnung von Proteinen und Lipiden in der Zellstruktur ließ auf eine extrem widerstandsfähige Zellmembran schließen. Diese Membranstruktur deutete darauf hin, dass das Wesen an Umgebungen mit hohem Strahlungsdruck oder extremen Temperaturveränderungen angepasst sein könnte – Bedingungen, die auf der Erde so nicht vorkommen. Die Forscher spekulierten, dass solche Anpassungen eher in extraterrestrischen oder extrem klimatischen Zonen, wie sie etwa auf Mars-ähnlichen Planeten herrschen könnten, zu finden wären.

Erste Rekonstruktionen des möglichen Aussehens des Wesens

Inzwischen arbeiteten die Forscher weiterhin an der forensischen Rekonstruktion des Wesens und versuchten, sein mögliches Aussehen und seine Funktion in seiner Umwelt zu ermitteln. Die große Augenhöhlenstruktur und die besonderen Anpassungen des Körpers deuteten auf ein

Wesen hin, das möglicherweise an die Bedingungen eines Planeten mit schwächerer Sonnenstrahlung angepasst war. Es wurde angenommen, dass das Wesen in seiner physiologischen Anpassung ein überdurchschnittlich hohes Sehvermögen für dunklere Umgebungen besaß und wahrscheinlich eine stark entwickelten Riech- und Hörsinn hatte, um sich in dieser Umgebung zu orientieren.

Weitere Forschungen zu den Hautstrukturen, die anhand der vorhandenen Knochendaten simuliert wurden, ergaben eine Art dichter, schuppiger Außenhaut, die den Körper des Wesens möglicherweise zusätzlich vor Strahlung oder extremen Umweltbedingungen schützte. Einige Forscher entwickelten die Hypothese, dass das Wesen möglicherweise über eine Art Hautpigmentierung oder eine reflexive Hautschicht verfügte, die es ihm ermöglichte, Energie zu speichern und bei Bedarf zu nutzen – eine Hypothese, die auf den in den Knochen festgestellten Spuren von eisenhaltigen Pigmenten beruhte.

Ein extraterrestrischer Ursprung? Diskussionen und Theorien

Angesichts der Fülle an ungewöhnlichen Ergebnissen begannen die Forscher über die Möglichkeit einer extraterrestrischen Herkunft des Wesens zu spekulieren. Während es sich hierbei zunächst nur um eine Hypothese handelte, ließ die Anhäufung von Anomalien, darunter die

Anwesenheit von Iridium und Xenon-129, die chemische Struktur der Knochen und die Zellen mit widerstandsfähiger Membran, diese Annahme zunehmend plausibel erscheinen. Im Rahmen eines interdisziplinären Symposiums wurden die Ergebnisse der wissenschaftlichen Gemeinschaft präsentiert, die mit Interesse und Skepsis reagierte. Die Möglichkeit, dass das Wesen aus einem anderen Sonnensystem stammte, sorgte für heftige Diskussionen, da diese Annahme nicht nur die herkömmliche Anthropologie, sondern auch die Astrobiologie und die kosmologische Wissenschaft in ein neues Licht rückte. Einige Forscher äußerten die Vermutung, dass das Skelett möglicherweise einem Kometen oder einem anderen außerirdischen Objekt ausgesetzt gewesen sein könnte, das Spuren hinterlassen hat. Andere gingen jedoch weiter und stellten die Hypothese auf, dass das Wesen möglicherweise tatsächlich von einem anderen Planeten stammte.

Die Untersuchung von Materialspuren am Sargboden

Parallel zur Analyse des Skeletts richteten sich die Untersuchungen auch auf die Spurensuche im Inneren des Sargs selbst. Am Boden des Sargs entdeckten die Forscher kleine Partikel eines organisch-metallischen Materials, das in keiner bekannten Kultur oder menschlichen Technologie vorkommt. Dieses Material, das aus einer dünnen Schicht von Metalloxiden und einer organischen Schicht bestand, wies eine schuppenartige Struktur auf, die an moderne Verbundmaterialien erinnerte, jedoch auf molekularer Ebene eine Struktur zeigte, die auf der Erde nicht existiert.

Die Forscher nahmen Proben dieses Materials und analysierten sie mittels Infrarotspektroskopie und Röntgenbeugung. Die Ergebnisse waren erstaunlich: Die Struktur des Materials zeigte Anzeichen von molekularen Verbindungen, die normalerweise nur unter extrem hohen Temperaturen oder in Bedingungen der Schwerelosigkeit entstehen könnten. Solche molekularen Muster sind in irdischen Materialien nicht bekannt und konnten nicht durch natürliche Prozesse oder bekannte Herstellungsverfahren erklärt werden.

Einige Forscher spekulierten, dass das Material eine Art Schutzschicht oder Kleidungsstück sein könnte, das das Wesen umhüllte. Alternativ wurde die Möglichkeit erwogen, dass das Material eine Art „biologisches Substrat" darstellt, das mit der Physiologie des Wesens in Verbindung stand und möglicherweise eine schützende oder energetische Funktion erfüllte.

Mögliche Umweltanpassungen des Wesens

Die Hypothese eines extraterrestrischen Ursprungs erhielt weitere Unterstützung durch die Simulationen, die auf die Anpassungen des Wesens an extreme Umweltbedingungen hindeuteten. Die ungewöhnliche Knochendichte und die besondere Zellstruktur legten nahe, dass das Wesen möglicherweise hohen

Strahlungsbelastungen ausgesetzt war oder in einer Atmosphäre mit einem geringen Sauerstoffanteil lebte. Die Forscher führten unter anderem chemische Simulationen durch, die die molekulare Reaktion der Zellstrukturen bei hoher UV-Belastung testeten und feststellten, dass diese ungewöhnliche Resistenz auf extremen Lebensbedingungen beruhen könnte, die auf der Erde nicht vorzufinden sind.

Basierend auf diesen Erkenntnissen entwickelten die Wissenschaftler die Hypothese, dass das Wesen möglicherweise von einem Planeten stammt, der eine dünnere Atmosphäre und stärkere kosmische Strahlung aufweist. Die Anpassung an solche Bedingungen könnte das ungewöhnliche Knochen- und Zellmaterial sowie die physische Robustheit des Wesens erklären, was die Hypothese einer extraterrestrischen Herkunft weiterhin untermauerte.

Die Reaktion der Öffentlichkeit und die wissenschaftliche Haltung

Die ersten Berichte über die Entdeckung des Skeletts und die Hinweise auf eine mögliche außerirdische Herkunft verbreiteten sich rasch und stießen sowohl auf Begeisterung als auch auf Skepsis. Wissenschaftliche Medien und internationale Forscherteams beobachteten die Entwicklungen mit großem Interesse und begannen, eigene Theorien über die Herkunft des Wesens zu entwickeln. Die konservative Haltung in der Wissenschaftsgemeinschaft forderte jedoch weiterhin Vorsicht und verlangte zusätzliche Untersuchungen, bevor eine definitive Aussage getroffen werden konnte.

Einige Wissenschaftler argumentierten, dass das Wesen, unabhängig von seiner Herkunft, eine vollständig unbekannte Spezies oder eine unbekannte Frühform des Menschen darstellen könnte, die durch die Evolution auf der Erde entstanden ist. Die Hinweise auf extraterrestrische Elemente könnten auch durch sekundäre Einflüsse erklärt werden, etwa durch eine Kontamination der Grabkammer mit Meteoritenmaterial. Andere Forscher waren jedoch überzeugt, dass die Hinweise auf eine extraterrestrische Herkunft ernsthaft in Betracht gezogen werden sollten und forderten weitere Untersuchungen.

Fazit des sechsten Kapitels

Das sechste Kapitel markiert einen Wendepunkt in der Untersuchung des Wesens aus dem Grimmen-West Steingrab. Die Häufung von Anomalien, die ungewöhnliche chemische und mikrobiologische Zusammensetzung sowie die Entdeckung des metallischen Materials am Sargboden werfen die ernsthafte Frage nach der Herkunft des Wesens auf. Die Forscher stehen nun vor der Herausforderung, diese Hinweise in einem wissenschaftlichen Kontext zu interpretieren und zu entscheiden, ob die Annahme einer außerirdischen Herkunft gerechtfertigt ist oder ob alternative Erklärungen möglich sind.

Kapitel 7: Ein zweites Wesen? Der Fund eines rätselhaften Überrests

Mit den fortlaufenden Untersuchungen des Skeletts und der ungewöhnlichen Materialspuren im Sarg entwickelte sich die Forschung um das Grimmen-West Steingrab in eine Richtung, die alle bisherigen Annahmen in Frage stellte. Doch während die Wissenschaftler bereits von der Hypothese einer extraterrestrischen Herkunft fasziniert waren, stieß das Team auf einen weiteren rätselhaften Fund: Unterhalb des Skeletts entdeckten die Forscher einen Überrest, der zwar klein, aber von potenziell großer Bedeutung war – ein lederartiges Fragment, das in Form und Struktur auf eine andere Art von Wesen schließen ließ.

Die Entdeckung des lederartigen Fragments

Als das Team den Boden unter dem Skelett weiter untersuchte, stieß es auf eine schmale Nische im Sarg, die durch die seltsame Zusammensetzung der Steine verdeckt worden war. In dieser Nische befand sich ein bräunliches, stark verfestigtes Fragment, das zunächst wie ein Stück antikes Leder wirkte. Doch bereits auf den ersten Blick erschien dieses Fragment zu ungewöhnlich, um ein gewöhnliches Stück organischen Materials zu sein. Die Forscher nahmen eine kleine Probe und führten eine mikroskopische Analyse durch, um die Struktur und Zusammensetzung dieses Fragments genauer zu untersuchen.

Unter dem Mikroskop zeigten sich eigenartige, parallel verlaufende Fasern, die in einem netzartigen Muster miteinander verbunden waren. Die Struktur erinnerte an Leder, doch die Anordnung der Fasern und die ungewöhnliche Zusammensetzung deuteten darauf hin, dass dieses Material aus einer anderen, bisher unbekannten biologischen Substanz bestand. Die Probenanalyse ergab Hinweise auf komplexe Polymerstrukturen, die in organischem Material auf der Erde nicht vorkommen. Dies ließ die Hypothese zu, dass das Material entweder einem unbekannten irdischen Organismus oder einem außerirdischen Ursprung zuzuordnen sein könnte.

Chemische Analyse und strukturelle Besonderheiten

Eine chemische Analyse des Fragments enthüllte eine außergewöhnliche Zusammensetzung von Silizium-, Eisen- und Titanverbindungen, die auf der Erde nur selten in Kombination in organischen Materialien auftreten. Insbesondere die Titanverbindungen waren bemerkenswert, da Titan normalerweise nicht in biologischen Strukturen vorkommt. Das Vorkommen dieser Metalle im Fragment ließ vermuten, dass das Material möglicherweise einer extrem widerstandsfähigen Haut- oder Panzerstruktur eines Lebewesens angehörte, die speziell für Umgebungen mit extremen Bedingungen entwickelt wurde.
Weiterführende Tests mittels Infrarotspektroskopie zeigten Molekülverbindungen, die in ihrer

Stabilität ungewöhnlich hoch waren. Diese Stabilität deutete darauf hin, dass das Material gegen UV-Strahlung und hohe Temperaturen widerstandsfähig sein könnte. In verschiedenen Simulationen stellten die Forscher fest, dass diese Kombination von Elementen eine besonders effektive Schutzfunktion gegen kosmische Strahlung bieten würde – ein Hinweis darauf, dass das Wesen, von dem das Fragment stammte, in Umgebungen lebte, die eine erhöhte Strahlungsresistenz erforderlich machten.

Mögliche Hypothesen zur Herkunft und Funktion des Materials

Die Forscher diskutierten mehrere Hypothesen zur Funktion und Herkunft des lederartigen Fragments. Eine Theorie besagte, dass das Material möglicherweise zur Haut oder einer äußeren Schutzschicht eines Wesens gehörte, das sich in extremen Umweltbedingungen bewegte. Die robuste Struktur und die ungewöhnliche molekulare Stabilität legten die Vermutung nahe, dass das Material eine evolutionäre Anpassung an hohe Strahlungswerte, extreme Temperaturen oder vielleicht sogar die Schwerelosigkeit darstellte.

Eine andere Theorie besagte, dass das Fragment nicht zum eigentlichen Körper des Skelettwesens gehörte, sondern vielmehr Teil eines Schutzanzugs oder einer Art biologischen „Kleidung" war, die das Wesen nutzte, um sich in feindlichen Umgebungen zu bewegen. Diese Hypothese wurde durch die parallelen Fasern und die strapazierfähige Oberfläche des Fragments gestützt, die auf eine Art biologisches oder technologisches Gewebe hinweisen könnten. Einige Forscher gingen so weit, zu spekulieren, dass das Fragment möglicherweise zu einem anderen Wesen gehörte, das ursprünglich nicht in direkter Verbindung mit dem Skelett stand, aber in derselben Umgebung oder durch eine spezifische Verbindung mit dem ersten Wesen in den Sarg gelangte. Diese Hypothese wirft Fragen darüber auf, ob das lederartige Material vielleicht ein Relikt eines Begleitwesens oder eines Lebewesens darstellt, das sich in einer symbiotischen Beziehung zu dem großen Skelettwesen befand.

Radiokarbondatierung und Altersschätzung

Um das Alter des lederartigen Fragments zu bestimmen, führten die Forscher eine Radiokarbondatierung durch. Die Ergebnisse waren jedoch unklar: Das Material zeigte eine fast völlige Abwesenheit von ^{14}C-Isotopen, was eine präzise Datierung schwierig machte. Diese Abwesenheit könnte darauf hindeuten, dass das Fragment mehrere Zehntausende von Jahren alt ist oder sogar einer Umgebung mit hohen Strahlungswerten ausgesetzt war, die die ^{14}C-Isotope zerstörte. Eine alternative Erklärung war, dass das Material überhaupt nicht in einer erdähnlichen Atmosphäre gealtert war und daher keine organische Abbaukonzentration aufweist, wie man es von irdischem Leder erwarten würde.

Als Vergleich führten die Forscher eine Isotopenanalyse durch, die das Verhältnis verschiedener stabiler Isotope in der Probe maß. Die Ergebnisse ergaben eine Verteilung, die keine Parallelen in bekannten geologischen oder organischen Proben der Erde aufwies, was die These eines außerirdischen Ursprungs weiter stützte.

Überlegungen zur biologischen Funktion des Materials

Mithilfe von Elektronenmikroskopie untersuchten die Forscher die Zellstrukturen innerhalb des lederartigen Fragments und entdeckten Zellähnlichkeiten, die in ihrer Struktur an die Zellen des Skelettwesens erinnerten, jedoch mit zusätzlichen Schichten von Schutzmembranen und einer noch höheren Konzentration an Titanverbindungen. Dies ließ den Schluss zu, dass das Material möglicherweise eine Schutzfunktion erfüllte, die das eigentliche Wesen gegen extreme klimatische oder kosmische Bedingungen abschirmte.
Eine Simulation, die die Reflexionseigenschaften des Materials unter hoher UV-Strahlung testete, zeigte, dass das Fragment eine Reflexionsrate von über 90 % besaß, was eine Anpassung an hohe Strahlungswerte oder starke Sonnenexposition andeutet. Die Kombination der Reflexionseigenschaften und der hohen Dichte der Membranschichten ließ die Forscher darauf schließen, dass das Material möglicherweise eine

direkte evolutionäre Antwort auf eine solche
Umweltbelastung darstellt.

Theorien zu einem zweiten Wesen und möglichen Begleitern

Angesichts des ungewöhnlichen lederartigen
Fragments begannen einige Forscher, die
Hypothese eines zweiten Wesens oder einer Art
Begleiter in Betracht zu ziehen. Die parallelen
Eigenschaften und die molekulare Struktur des
Fragments könnten darauf hindeuten, dass es
sich um ein Überbleibsel eines zweiten Wesens
handelt, das entweder gleichzeitig mit dem
Skelettwesen existierte oder in einer engen,
symbiotischen Beziehung zu ihm stand.
Eine Hypothese, die in den Diskussionen aufkam,
war, dass das lederartige Fragment von einem
kleineren, schutzsuchenden Wesen stammte, das
möglicherweise die Hülle des größeren Wesens
nutzte, um sich vor extremen Bedingungen zu
schützen. Diese Theorie legte nahe, dass eine Art
symbiotische Beziehung zwischen den beiden
Wesen bestanden haben könnte, bei der das
kleinere Wesen von der Stärke und den
Schutzfunktionen des größeren profitierte,
während das größere Wesen möglicherweise
Nahrung oder andere Vorteile aus dieser
Beziehung zog.
Alternativ könnte das Fragment zu einem
technologischen Artefakt gehören, das als
Ausrüstung oder Schutz für das größere
Skelettwesen diente. In dieser Hinsicht diskutierten
die Forscher, ob das Fragment ein

technologisches Hilfsmittel darstellte, das das
Wesen bei der Erforschung unbekannter Gebiete
schützte.

Weitere Untersuchungen und internationale Zusammenarbeit

Die Entdeckung des Fragments führte zu einem
großen Interesse in der internationalen
Forschungswelt, und es wurde beschlossen, das
Fragment weiteren Untersuchungen zu
unterziehen. Wissenschaftliche Institute aus den
USA, Europa und Asien wurden eingeladen, das
Fragment in Kooperation mit den deutschen
Forschern zu analysieren und mögliche Hinweise
auf seine Herkunft und seine Funktionen zu liefern.
Erste Berichte deuteten darauf hin, dass die
Hypothese eines außerirdischen Ursprungs auf
große Zustimmung stieß, und es wurden Pläne für
eine noch umfassendere interdisziplinäre
Untersuchung entwickelt.
Labors weltweit begannen, ihre eigenen
Materialien mit den chemischen und molekularen
Eigenschaften des Fragments zu vergleichen, und
erste Ergebnisse bestätigten, dass es keine
bekannten Entsprechungen auf der Erde gab.
Die Wissenschaftler stimmten darin überein, dass
die Kombination aus Titan, Eisen und Silizium in
biologischem Material einzigartig war und keine
Erklärung in bekannten terrestrischen
Lebensformen fand.

Fazit des siebten Kapitels

Die Entdeckung des lederartigen Fragments
unterhalb des Skeletts öffnet eine völlig neue
Dimension in der Erforschung des Grimmen-West
Steingrabes. Die Möglichkeit eines zweiten
Wesens oder einer symbiotischen Beziehung
sowie die Hinweise auf eine extreme
Umweltresistenz und mögliche außerirdische
Herkunft stellen die bisherigen Erkenntnisse erneut
infrage und weiten das Mysterium um den Fund
aus. Das Forscherteam steht nun vor der
dringenden Aufgabe, die Hypothese eines
außerirdischen Ursprungs weiter zu untersuchen
und die Beziehung zwischen dem Fragment und
dem Skelettwesen zu entschlüsseln.

Kapitel 8: Offenbarungen aus den Laboren – Eine biologische und chemische Analyse des Fragments

Nach der Entdeckung des lederartigen Fragments unter dem Skelett und den ersten Analysen wurde das Material intensiven Tests unterzogen. Die Untersuchung umfasste detaillierte biologische und chemische Analysen, um die möglichen Eigenschaften und den Ursprung des Fragments zu entschlüsseln. Die Resultate ließen die Forscher an herkömmlichen Theorien zweifeln und stützten immer mehr die Annahme, dass das Fragment nicht von der Erde stammte und möglicherweise einem Wesen angehörte, das in einer extrem fremdartigen Umgebung gelebt hatte.

Molekulare und genetische Analysen des Fragments

Zur Klärung der biologischen Herkunft des Fragments wurden genetische Tests durchgeführt, die auf die Existenz von DNA oder anderen erkennbaren genetischen Strukturen hinweisen sollten. Zu Überraschung des Forscherteams blieb der Versuch einer DNS-Extraktion jedoch ergebnislos: Weder DNS noch RNA konnten aus dem Material isoliert werden, was auf eine völlig andere biochemische Grundlage des Lebens hindeutete. Die Struktur des Fragments zeigte keinerlei Spuren der üblichen Nukleinsäuren, die allen bekannten Lebensformen auf der Erde gemein sind.

Das Fragment enthielt hingegen eine Art stabilen Kohlenstoffgerüstes in einer anorganischen Matrix, was auf eine bisher unbekannte Art der molekularen Organisation hindeutete. Eine Hypothese, die unter den Forschern entstand, besagte, dass das Fragment möglicherweise ein Beispiel für eine alternative, anorganische Lebensform darstellte. Die Idee einer solchen Struktur stellt einen radikalen Paradigmenwechsel dar, da das Wesen – sollte es auf diesem Material basieren – möglicherweise unter Lebensbedingungen existierte, die irdischen Organismen tödlich wären.

Tests der Struktur und chemischen Stabilität

Um die ungewöhnlichen Eigenschaften des Fragments genauer zu verstehen, führten die Forscher eine Reihe von Tests zur chemischen Stabilität durch. Durch die Analyse der molekularen Verbindungen und der Festigkeit des Materials konnte nachgewiesen werden, dass es eine extreme Hitzebeständigkeit aufwies. Bei Temperaturen von über 1.500 Grad Celsius blieb das Material formstabil und zeigte keinerlei Anzeichen von Verbrennung oder Zersetzung. Solche extrem stabilen Eigenschaften lassen darauf schließen, dass das Fragment möglicherweise in einem Umfeld entstanden ist, das viel höheren Temperaturen ausgesetzt war als die Erde.
Weitere Analysen mittels Atomsondentomografie offenbarten, dass das Material aus einem dichten Netzwerk kohlenstoffhaltiger Strukturen bestand,

die sich in einer kristallinen Formation angeordnet hatten. Diese Struktur ähnelt diamantenartigen Gitterstrukturen, die sich durch außergewöhnliche Stabilität und Resistenz gegenüber äußeren Einflüssen auszeichnen. Die Wissenschaftler vermuteten, dass dieses Material möglicherweise als eine Art Panzer oder äußerer Schutz für das Wesen fungierte, was durch die hohe Hitzebeständigkeit und die molekulare Härte gestützt wird.

Die ungewöhnliche Zusammensetzung: Hinweise auf extraterrestrische Umgebungen

Die chemische Zusammensetzung des Fragments zeigte eine ungewöhnliche Häufung an Elementen wie Titan, Beryllium und Iridium, die typischerweise in außerirdischem Material vorkommen. In terrestrischen Organismen sind diese Elemente kaum präsent, was die Vermutung verstärkte, dass das Fragment entweder durch Einwirkung von Meteoriten oder kosmischem Staub verändert wurde – oder eben auf einem Planeten oder in einer Region mit hohem Gehalt dieser Elemente entstand.
Die Forscher führten isotopische Analysen durch, um den Ursprung dieser Elemente genauer zu bestimmen. Die Untersuchung der Isotopenverhältnisse, insbesondere bei Iridium und Beryllium, ergab, dass diese Elemente in einer Weise verteilt waren, die man normalerweise nur in extraterrestrischen Umgebungen findet. Die Forscher spekulierten, dass das Material aus einer Umgebung stammte,

die eine hohe Dichte an Metallen und seltenen Elementen aufwies – möglicherweise einer Region des Weltalls, die dichter an einem Metall- oder Staubgürtel lag, wie er in Asteroidenfeldern vorkommt.

Simulationen zur molekularen Struktur unter kosmischen Bedingungen

Die Forscher entschieden sich, die molekulare Struktur des Fragments unter simulierten kosmischen Bedingungen zu testen, um die außergewöhnliche Stabilität und chemische Zusammensetzung des Materials besser zu verstehen. Durch diese Tests wollten sie herausfinden, ob das Material einer Umgebung angepasst war, die von hoher Strahlung, extremen Temperaturen und einem niedrigen atmosphärischen Druck geprägt ist. Die Simulationen bestätigten, dass das Material selbst bei extremer Kälte und starker kosmischer Strahlung stabil blieb.
Ein Computermodell, das die molekulare Reaktion auf kosmische Strahlung analysierte, ergab, dass die Struktur des Fragments bei einer Strahlungsintensität, wie sie beispielsweise in den Ringen von Jupiter oder in den Asteroidenfeldern herrscht, nahezu unverändert blieb. Diese Ergebnisse ließen die Forscher weiter vermuten, dass das Fragment aus einer Region stammte, die sich außerhalb der schützenden Atmosphäre eines Planeten oder in der Nähe eines kosmischen Objekts mit hoher Strahlungsintensität befand.

Hypothesen zur Funktion und Evolution des Materials

Angesichts der chemischen und strukturellen Analysen entwickelten die Forscher Hypothesen zur Funktion des Fragments im Kontext des Wesens und seiner möglichen außerirdischen Herkunft. Eine Theorie besagte, dass das Fragment als eine Art „Panzer" oder Schutzhaut des Wesens diente und es vor den extremen Bedingungen seines Lebensraums schützte. Die hohe Stabilität, die molekulare Struktur und die Zusammensetzung der Elemente deuteten darauf hin, dass das Material als Schutz vor intensiver Strahlung und kosmischer Kälte diente. Eine alternative Hypothese postulierte, dass das Fragment möglicherweise eine energetische Funktion hatte. Die Forscher stellten sich die Frage, ob das Material Energie aus kosmischer Strahlung oder elektromagnetischen Wellen speichern und bei Bedarf wieder abgeben konnte. In verschiedenen Testreihen führten sie Experimente mit Strahlungseinwirkung durch und stellten fest, dass das Material geringfügige Mengen an Energie absorbierte und in Form von Wärme abgab. Diese Eigenschaft ist einzigartig und könnte darauf hinweisen, dass das Fragment möglicherweise Teil eines Systems war, das Energie sammelte und speicherte – eine Idee, die in der Forschung als „biologische Solartechnologie" bezeichnet wurde.

Debatten um die Herkunft und die Art des Wesens

Die Entdeckungen rund um das Fragment und
die chemischen Analysen führten zu intensiven
Debatten in der wissenschaftlichen
Gemeinschaft. Die eine Gruppe vertrat die
Auffassung, dass das Wesen und das Fragment
von einem Planeten stammen könnten, der eine
außergewöhnliche Umwelt besitzt – womöglich
ein Planet mit hoher Nähe zu einem
Sonnenstrahlungsgürtel oder ein Himmelskörper,
der kosmischer Strahlung ausgesetzt ist.
Andere Forscher spekulierten über die
Möglichkeit, dass das Wesen von einem Planeten
mit einer extrem dünnen Atmosphäre stammte
und deshalb biologische Mechanismen
entwickelt hatte, um Strahlung zu reflektieren und
Hitze zu speichern. Die Hypothese, dass das
Fragment von einem Planeten stamme, der
extreme klimatische Bedingungen aufwies,
passte zu den Tests, die die Stabilität und den
Energiehaushalt des Materials untersuchten.
Eine weitergehende, spekulative Theorie ging
davon aus, dass das Fragment und das Wesen
nicht notwendigerweise in einem Planetensystem
entstanden waren, sondern sich in einem
interstellaren Raum entwickelten, vielleicht in der
Nähe eines Sterns oder in einem anderen
kosmischen Umfeld, das unvorstellbare
Anpassungen erforderte.

Weitere Untersuchungen und die nächsten Schritte

Da die bisherigen Tests zwar sensationelle Ergebnisse brachten, aber immer noch viele Fragen offen ließen, beschlossen die Forscher, das Fragment weiteren Speziallabors zur Analyse zu überlassen. Es sollten Tests unter Hochvakuumbedingungen und in kryogenen Kammern durchgeführt werden, um die Belastbarkeit und Anpassungsfähigkeit des Fragments zu untersuchen. Labore in den USA und Japan, die über spezielle Kryo-Technologie und Strahlungsanlagen verfügen, boten ihre Expertise an, um das Fragment unter diesen Bedingungen zu testen und die Anpassungen an extreme Umgebungen genauer zu studieren. Die Forscher planten zudem, weitere Proben des Fragments für eine tiefergehende chemische und molekulare Analyse zu entnehmen, um genauere Informationen über die Materialstruktur und mögliche biologische oder biotechnische Funktionen zu gewinnen. Die Frage, ob das Material eine Art Schutzfunktion für das Skelettwesen darstellte oder Teil einer interstellaren Rüstung war, sollte durch die weiteren Tests möglicherweise beantwortet werden.

Fazit des achten Kapitels

Die umfangreichen chemischen und molekularen Analysen des lederartigen Fragments geben Einblicke in eine mögliche außerirdische Herkunft,

die in ihrer Fremdartigkeit und
außergewöhnlichen Stabilität keinerlei bekannte
Parallelen aufweist. Die Entdeckung, dass das
Material kosmische Strahlung reflektiert und
extreme Temperaturen übersteht, hebt es in den
Rang eines Artefakts, das möglicherweise in
interstellaren Umgebungen entstand oder
angepasst wurde. Während die Wissenschaftler
weiterhin spekulieren und Theorien zur
biologischen Funktion und Herkunft aufstellen,
bleibt die eigentliche Natur des Fragments ein
Rätsel, das sich mit jeder neuen Erkenntnis nur
noch zu vertiefen scheint.

Kapitel 9: Der Mythos der Bitzer – Die archäologische und kulturelle Einordnung

Nachdem das Forscherteam die Eigenschaften des Fragments und die möglichen Hinweise auf eine außerirdische Herkunft analysiert hatte, begannen Historiker und Archäologen, die Funde in einen kulturellen und archäologischen Kontext zu stellen. Hinweise aus antiken Überlieferungen und Legenden führten zu einer Entdeckung: Lokale Mythen in der Region um Grimmen erwähnten eine Gruppe von Wesen namens „Bitzer," die angeblich in prähistorischen Zeiten mit den frühen Bewohnern der Region in Verbindung standen. Diese Legenden gaben den Forschern neue Ansätze, um die möglichen kulturellen Hintergründe des Fundes zu erkunden und eine Brücke zwischen Mythos und Wissenschaft zu schlagen.

Die Legenden um die Bitzer und ihre Bedeutung

Alte Erzählungen in der Region Mecklenburg-Vorpommern, insbesondere in der Umgebung von Grimmen, sprechen von den „Bitzer," einer mythischen Gruppe von Wesen, die sich durch eine außergewöhnliche Körpergröße und eine fremdartige Erscheinung auszeichneten. Diese Wesen wurden oft als „Riesen aus der Unterwelt" oder „Wächter der Sterne" beschrieben und sollen nach dem Glauben der Einheimischen den frühen Bewohnern der Region als Lehrer und Beschützer gedient haben. Die Legenden besagen, dass die Bitzer über besondere Kräfte

verfügten und in einer Art harmonischer Symbiose
mit der Natur lebten, die es ihnen ermöglichte,
das Land zu schützen und zu bewahren.
Die Mythen erzählen außerdem von steinernen
Monumenten und Gräbern, die von den Bitzern
für besondere Anlässe errichtet wurden. Es wird
behauptet, dass diese Monumente eine tiefere,
kosmische Bedeutung hatten und von den Bitzern
selbst als Portal oder Verbindung zu ihrem
Ursprungsort genutzt wurden. Die Grabhügel und
Megalithanlagen in der Region um Grimmen
werden daher von einigen als „Heiligtümer der
Bitzer" betrachtet, die die kosmische Energie
dieser Wesen in der Landschaft konservieren.

Archäologische Vergleiche und die Relevanz der Bitzer-Mythen

Die Forscher zogen Vergleiche mit anderen
Kulturen und Mythen weltweit, die von
gigantischen, mysteriösen Wesen berichten, die
entweder aus den Sternen kamen oder
übernatürliche Kräfte besaßen. Besonders
auffällig waren die Parallelen zu Legenden aus
dem skandinavischen und keltischen Raum, wo
ähnliche Geschichten über „Riesen" existieren,
die den Menschen Wissen über die Natur und das
Leben jenseits der Erde brachten.
Anhand dieser Vergleiche entwickelten die
Forscher eine Hypothese, dass die Bitzer
möglicherweise ein kulturelles Gedächtnis einer
frühen Begegnung mit einem fremden,
möglicherweise außerirdischen Wesen waren. Es
ist denkbar, dass die frühen Bewohner der Region

– vielleicht während der Jungsteinzeit oder der frühen Bronzezeit – auf Spuren oder Überreste eines solchen Wesens stießen und diese Entdeckung in ihre Mythen integrierten. Die steinernen Grabanlagen könnten demnach nicht nur als Begräbnisstätten, sondern als Denkmäler für die „Riesen" oder sogar als Erinnerungen an eine Begegnung mit einer fremden Zivilisation gedient haben.

Untersuchung der Steine im Kontext der Bitzer-Legenden

Um die Verbindung zu den Bitzer-Mythen weiter zu untersuchen, analysierten die Forscher die Steine und Bauweise des Grimmen-West Steingrabes genauer. Mithilfe archäologischer Datierungstechniken und petrographischer Untersuchungen konnten sie die Herkunft der Steine bis in die frühen Zeiten der Jungsteinzeit zurückverfolgen. Die Steine, die für das Grab verwendet wurden, zeigten kaum Anzeichen von Abnutzung und eine außergewöhnliche Beständigkeit, die auf eine besondere Behandlung oder eine Art „magische" Wirkung hinweisen könnte – zumindest in den Augen der damaligen Menschen.
Die Forscher spekulierten, dass die speziellen Steine, die für das Grab verwendet wurden, möglicherweise als heilige Artefakte galten, die von den Bitzern selbst errichtet oder verwendet wurden. Einige der Forscher postulierten, dass das Grab und die Steine möglicherweise als eine Art Energiespeicher dienten, der von den Bitzern

genutzt wurde, um in Verbindung mit ihrem Ursprungsort zu bleiben. Diese Theorie fand bei den Historikern Anklang, die sich auf die Parallelen zu megalithischen Kultstätten in Skandinavien und Schottland stützten, wo ähnliche mythische Verbindungen zwischen Riesen und Steinstrukturen bestehen.

Interpretation der Funde im Licht der Bitzer-Mythen

Die historischen und archäologischen Hinweise verdichteten sich zu einer Hypothese, die das Skelett und das lederartige Fragment im Kontext der Bitzer-Mythen als Überbleibsel eines solchen „Besuchers" deutete. Die Forscher stellten sich die Frage, ob das Skelett und das Fragment ein physischer Beweis für die Existenz der Bitzer sein könnten. Diese Hypothese wurde durch die Kombination von Elementen aus den Mythen und den tatsächlichen archäologischen Funden unterstützt, auch wenn viele Details weiterhin spekulativ blieben.
Die Forscher beschlossen, weitere Proben zu analysieren und mögliche „Bitzer"-Artefakte aus anderen Grabstätten in der Region zu untersuchen, um herauszufinden, ob ähnliche Materialien und Strukturen an anderen prähistorischen Fundorten existieren. Die Mythen und archäologischen Überreste könnten möglicherweise auf eine tiefere Verbindung zwischen den frühen Menschen und einem fortschrittlichen Wesen oder einer Kultur hinweisen, die das Wissen über den Kosmos

besaß und dieses Wissen an die frühen Kulturen
weitergab.

Die Bedeutung der Bitzer-Mythen für die wissenschaftliche Gemeinschaft

Die wissenschaftliche Gemeinschaft war geteilt,
was die Interpretation der Bitzer-Mythen und die
mögliche Verbindung zum Skelett und Fragment
betraf. Einige Forscher sahen in den Mythen
wertvolle kulturelle Hinweise, die möglicherweise
auf eine tatsächliche Begegnung mit einem
unbekannten Wesen hindeuten könnten,
während andere die Mythen als rein symbolische
Darstellungen betrachteten, die die spirituelle
und naturverbundene Denkweise der Menschen
jener Zeit widerspiegelten.
Die Diskussion über die Bitzer-Mythen gewann
international an Bedeutung, da Parallelen zu
Legenden über gigantische Wesen und
außerirdische Besucher auch in anderen Kulturen
gefunden wurden. Einige Forscher stellten die
Theorie auf, dass es weltweit immer wieder
Begegnungen mit fremden Wesen gegeben
haben könnte und dass die Bitzer-Mythen Teil
eines kulturellen Musters sind, das sich durch die
Menschheitsgeschichte zieht. Archäologen,
Historiker und Ethnologen arbeiteten gemeinsam
daran, die Parallelen und Unterschiede dieser
Mythen zu untersuchen und ein umfassenderes
Verständnis für die Rolle dieser gigantischen
Wesen im kollektiven Gedächtnis der Menschheit
zu entwickeln.

Symbolische Deutung und wissenschaftliche Abwägung

Neben der archäologischen Interpretation untersuchten Historiker die Bitzer-Mythen auch unter einem symbolischen Blickwinkel. Eine Theorie besagte, dass die Bitzer als Archetypen für die menschliche Sehnsucht nach Wissen und Verbindung zur Natur und zum Kosmos stehen. Der Glaube an eine höhere Macht oder an Wesen mit übernatürlichen Kräften könnte die frühen Menschen dazu inspiriert haben, ihre Erfahrungen in Mythen und Ritualen festzuhalten. Die Forscher sahen darin eine Erklärung, dass die Bitzer-Mythen möglicherweise auch eine metaphysische Dimension hatten und den Menschen halfen, ihr Verhältnis zur Natur und zum Universum zu verstehen. Diese symbolische Perspektive gewann vor allem in der anthropologischen Forschung Bedeutung, die Mythen und Überlieferungen oft als kulturelle Spiegelbilder der damaligen Weltanschauung betrachtet.

Fazit des neunten Kapitels

Das neunte Kapitel verknüpft die Entdeckung des Skeletts und des lederartigen Fragments mit den historischen Mythen um die Bitzer. Die Forscher stehen vor der Herausforderung, die wissenschaftliche Realität mit den kulturellen Überlieferungen in Einklang zu bringen. Die Verbindung zwischen archäologischen Funden und Mythen eröffnet neue Perspektiven und führt zu einer tiefen Frage: Ist das Skelett von Grimmen-West ein Relikt einer realen Begegnung mit einem unbekannten Wesen, oder ist es ein artefaktischer Ausdruck der alten Bitzer-Mythen? Die kommende Forschung wird entscheiden, ob sich die Bitzer als kulturelles Mysterium oder als reale Entität in der Wissenschaft etablieren.

Kapitel 10: Die letzten Geheimnisse – Tiefere Forschungen und die Entdeckung eines möglichen Artefakts

Das Forscherteam in Grimmen stand an einem entscheidenden Punkt: Die Entdeckung des Skeletts und des lederartigen Fragments sowie die Verknüpfung zu den Bitzer-Mythen hatten die archäologische und wissenschaftliche Gemeinschaft in Aufruhr versetzt. In ihrem Bestreben, letzte Klarheit über die Herkunft und das Geheimnis der Funde zu gewinnen, entschieden die Forscher, eine abschließende, tiefgehende Untersuchung durchzuführen. Dabei stießen sie auf ein weiteres Objekt, das tief unter dem Skelett verborgen lag und das Potenzial hatte, die bisherigen Erkenntnisse vollständig zu verändern.

Die Entdeckung eines metallischen Artefakts

Nach einer genaueren Bodenanalyse, die nach weiteren Anomalien in der Grabkammer suchte, entdeckten die Forscher ein metallisches Objekt, das noch tiefer unter dem lederartigen Fragment vergraben war. Bei der vorsichtigen Freilegung zeigte sich ein ungewöhnlicher, leicht ovaler Gegenstand, der etwa 15 Zentimeter lang und mit merkwürdigen Symbolen und geometrischen Mustern versehen war. Diese Symbole ähnelten in ihrer Form den Markierungen, die bereits auf dem Sarg gefunden worden waren, doch die Details waren präziser und wirkten fast maschinell hergestellt.

Das Artefakt war aus einem unbekannten, metallischen Material, das selbst nach Jahrtausenden keinerlei Korrosion oder Abnutzung aufwies. Die glatte Oberfläche reflektierte das Licht in einem leichten, metallischen Schimmer, der die Forscher in Erstaunen versetzte. Eine erste Materialanalyse ergab, dass das Objekt aus einer ungewöhnlichen Legierung bestand, die Aluminium, Spuren von Iridium und ein bisher nicht identifiziertes Element enthielt. Dieses Element war in keiner irdischen Datenbank verzeichnet, was das Artefakt noch mysteriöser machte.

Hypothesen zur Funktion des Artefakts

Die Forscher spekulierten über die mögliche Funktion des Artefakts und ob es eine direkte Verbindung zum Skelettwesen oder zu den Bitzer-Mythen hatte. Eine Theorie besagte, dass das Artefakt möglicherweise ein technologisches Hilfsmittel war, das dem Wesen bei seiner Reise oder in seiner Umwelt diente. Die geometrischen Muster und Symbole erinnerten an ein Steuersystem oder eine Art Kodierung, die auf eine Funktion hindeuten könnten.
Eine andere Hypothese legte nahe, dass das Artefakt ein Energie- oder Informationsspeicher war, der es dem Wesen ermöglichte, Daten oder Energien zu übertragen. Die hohe Dichte des Materials und die Resonanzeigenschaften, die in ersten Schwingungsanalysen gemessen wurden, ließen die Forscher vermuten, dass das Artefakt in

der Lage war, Schwingungen zu speichern und zu übertragen. Ob dies jedoch ein Kommunikations- oder Schutzsystem darstellte, blieb vorerst unklar.

Die Untersuchung der Symbole und geometrischen Muster

Das Team entschied sich, die Symbole und Muster auf dem Artefakt genauer zu untersuchen. Ein Künstlicher-Intelligenz-System, das zur Analyse von alten Schriften und Symbolen entwickelt wurde, half bei der Erkennung möglicher Muster oder wiederkehrender Strukturen. Die KI identifizierte eine mögliche Bedeutung der Symbole, die als eine Art „Kosmoskarte" interpretiert wurde. Die Linien und Muster könnten eine schematische Darstellung von Planetenkonstellationen oder eines Sternensystems sein, das den Ursprungsort des Wesens symbolisierte.
Eine spezielle Geometrie in den Linien wies auf ein zyklisches Muster hin, das die Forscher mit Bewegungen von Planeten in einer Umlaufbahn verglichen. Ein Wissenschaftler schlug die Hypothese vor, dass die Linien eine Art Sternenkarte darstellten, die dem Wesen als Navigationssystem diente. Diese Interpretation führte zu weiteren Simulationen, bei denen die Symbole und Muster mit bekannten Sternkonstellationen abgeglichen wurden. Es ergaben sich einige Übereinstimmungen mit dem Orion- und Andromeda-Galaxienfeld, jedoch ohne eindeutige Beweise.

Eine Radiowellenanalyse des Artefakts

Um herauszufinden, ob das Artefakt auf
bestimmte Frequenzen reagiert, entschied sich
das Team für eine Radiowellenanalyse. Die
Forscher setzten das Artefakt verschiedenen
Wellenlängen und Frequenzen aus, um eine
mögliche Reaktion zu provozieren. Nach
mehreren Versuchen reagierte das Artefakt auf
eine spezifische Frequenz im Mikrowellenbereich
mit einer leichten Vibration und einem
schwachen, fast unmerklichen Glimmen. Die
Forscher interpretierten dies als ein Anzeichen
dafür, dass das Artefakt möglicherweise auf
Signale oder Energiestrahlen reagierte und
möglicherweise als Kommunikationsgerät oder
Empfänger diente.
Angesichts dieser Reaktion wurde eine weitere
Testreihe initiiert, die versuchte, das Artefakt
durch verschiedene Frequenzen und Strahlungen
„zu aktivieren." Bei einer weiteren Analyse zeigte
das Artefakt eine geringfügige Änderung seiner
Resonanz, was darauf hindeutete, dass es auf
elektromagnetische Felder und möglicherweise
auf spezifische Kommunikationssignale ansprach.
Diese Entdeckung eröffnete die Möglichkeit, dass
das Artefakt tatsächlich eine technische Funktion
erfüllte, die weit über das Verständnis irdischer
Technologie hinausging.

Symbolische und kulturelle Deutung des Artefakts

Neben der technologischen Betrachtung
versuchten die Forscher auch eine symbolische

Deutung des Artefakts im Kontext der Bitzer-Mythen und der kulturellen Bedeutung, die diese Legenden in der Region um Grimmen haben. Das Artefakt könnte möglicherweise als ein heiliges Relikt oder als ein kosmisches „Geschenk" angesehen worden sein, das von den Bitzern hinterlassen wurde, um zukünftigen Generationen Wissen oder Schutz zu bieten. Die Muster und Symbole könnten dabei als „kosmische Sprache" gedeutet werden, die den Mythos der Bitzer untermauert und deren Ursprünge im Universum bestätigt.

Einige Historiker und Ethnologen spekulierten, dass das Artefakt den frühen Bewohnern der Region als Inspiration für die Mythen um die Bitzer diente. In der Vorstellungskraft der damaligen Menschen könnte das Artefakt als ein Werkzeug der „Götter" oder der „Sternenwächter" interpretiert worden sein, das Wissen und Schutz aus der „anderen Welt" versprach. Die Hypothese, dass die Bitzer-Mythen auf einem realen Artefakt basieren könnten, das als heiliges Objekt über Generationen hinweg verehrt wurde, fand innerhalb der Forschungsgemeinschaft Unterstützung.

Letzte Tests und der Abschluss der Untersuchung

Die Entdeckung des Artefakts führte zu intensiven Schlussuntersuchungen. Mit der neuesten Radiokarbon- und Isotopenanalyse versuchte das Team, die genaue Herkunft und das Alter des Artefakts zu bestimmen. Die Ergebnisse zeigten jedoch erneut außergewöhnliche Abweichungen

von bekannten Materialien und ergaben keine klaren Anhaltspunkte über seine Entstehungszeit. Die Dichte und die Legierung des Materials ließen auf eine Altersspanne schließen, die entweder auf Millionen Jahre alten kosmischen Staub oder eine außerirdische Produktionstechnologie hindeutete, was die These eines außerirdischen Ursprungs nochmals untermauerte.
Nach monatelangen Tests und Untersuchungen entschloss sich das Forscherteam schließlich, das Artefakt und die übrigen Funde in ein eigens gesichertes Museum in der Region zu überführen, um der wissenschaftlichen und breiten Öffentlichkeit einen Einblick in den außergewöhnlichen Fund zu gewähren. Die Dokumentation und die Analyseberichte wurden veröffentlicht, und internationale Forscherteams wurden eingeladen, die Funde in interdisziplinärer Kooperation weiter zu erforschen.

Fazit des zehnten Kapitels

Das letzte Kapitel der Untersuchung des Grimmen-West Steingrabes und seiner Funde schließt mit der Entdeckung eines mysteriösen Artefakts, das die Grenzen der bekannten Wissenschaft und Archäologie sprengt. Die Kombination aus einem gigantischen Skelett, einem lederartigen Fragment und dem neu entdeckten metallischen Artefakt lässt darauf schließen, dass die Region um Grimmen möglicherweise eine bedeutende Begegnung mit einem fremden Wesen oder einer Kultur erlebt hat, deren Spuren sich in den Mythen und

archäologischen Relikten der Bitzer manifestiert
haben.
Ob das Artefakt ein Überbleibsel einer längst
vergangenen Zivilisation ist, eine interstellare
Botschaft oder gar ein technologisches
Wunderwerk, bleibt weiterhin ein Geheimnis.
Doch die Funde in Grimmen haben die
Forschung nachhaltig geprägt und das
Verständnis über die Verbindung zwischen
Wissenschaft und Mythos erweitert. Die
Entdeckungen geben der Menschheit eine neue
Perspektive auf das Universum und lassen
erahnen, dass das Leben und das Wissen über
die Erde hinausreichen könnten – in Bereiche, die
nur darauf warten, von zukünftigen Generationen
erforscht zu werden.

FSC
www.fsc.org
MIX
Papier aus ver-
antwortungsvollen
Quellen
Paper from
responsible sources
FSC® C105338